JN190416

スポーツ産業学入門

日本スポーツ産業学会 編

晃洋書房

はじめに

スポーツは人々の心身を豊かにし，生活に潤いと喜びをもたらします．

　もちろん，喜びだけでなく苦しみさや辛さをもたらす側面もあるかもしれません．「どうしてスポーツは楽しいのか」「人々に幸せをもたらすためにスポーツを発展させていくにはどうしたら良いのか」．
　そのようなスポーツの魅力に関心を持った皆様に読んでいただきたいと思って，本書を刊行いたしました．

　私たちが皆様にお届けしたいと思っているキーワードは，「スポーツの産業化」です．
　スポーツが産業化することによって，スポーツの魅力がますます大きくなり，スポーツを通じて幸せになる人がますます多くなっていくと，私たちは信じています．

　そもそも，スポーツ産業とは何なのか．本書では「スポーツ文化を産み出す経済活動」と位置付けています．詳しくは p.11 以降の解説をご覧いただきたいのですが，「経済活動」といってもお金が関わる「売り買い」の活動だけに限るものではありません．「スポーツ文化を産み出す経済活動」を通じて人々が幸せになる仕組みを探求することが，スポーツ産業学の醍醐味です．

　本書を通じて，皆様のスポーツに関わる興味が喚起されて，スポーツの魅力が高まることを期待しています．

目　次

第 **6** 章

スポーツ興行における権利ビジネス

第 **7** 章

スポーツの価値を測る

終章
すべてのスポーツは産業化せざるを得ない … 117

序章
なぜスポーツ産業学を学ぶのか

❶ NPB と MLB の市場規模の違い ━━━━━━━━━━━━━▶

アメリカのメジャーリーグベースボール（Major League Baseball：MLB）で投手と打者の二刀流で活躍する大谷翔平が，2023 年シーズン終了後，ロサンゼルス・エンジェルス（Los Angeles Angels）からフリーエージェントとなり，ロサンゼルス・ドジャース（Los Angeles Dodgers）へ移籍しました．報道によれば，契約期間 10 年，報酬総額 7 億ドル（当時のレートで約 1015 億円）で合意したそうです．その多くは後払いとのことですが，単純計算で 1 年当たりの金額は 100 億円を超えることになります．これは福岡ソフトバンクホークスの参稼報酬総額をも上回るとのことで，彼我の差を痛感させられました．

日本のプロ野球（Nippon Professional Baseball：NPB）と MLB を比較すると，選手 1 人当たりの平均年俸は NPB が 4300 万円であるのに対して MLB が 5 億 6000 万円，1 試合当たりの平均入場者数は NPB，MLB ともに 3 万人程度です．平均入場者数はほぼ同じですが，平均年俸には 13 倍の差があります[1]．

1990 年代半ばまでは NPB と MLB の市場規模にほとんど差はなかったといわれています．MLB では 1994 年から 1995 年にかけて 8 カ月に及ぶストライキが敢行され[2]，ファンのベースボール離れが進みました．ところが，その後 MLB 市場は成長基調に転じ，1995 年に 14 億ドルだった収益総額は 2022 年には 110 億ドルに達し，インフレ補正しても 30 年弱で MLB 市場は 4 倍以上に拡大したことになります．同期間の NPB の成長は MLB と比べると緩やかで，2022 年の市場規模は 2000 億円程度といわれています．どうしてこのような差が生まれるのでしょうか（p.7 コラム参照）．これは，本書で解説するスポーツ産業学のテーマの 1 つです．

❷ スポーツのプロ化と仕事の広がり ───────────→

　プロスポーツ選手は男の子が憧れる職業です．例えば，日本 FP 協会（2024）によれば，男子児童が「将来なりたい職業」の 1 位はサッカー選手・監督，2 位はプロ野球選手・監督，4 位はバスケットボール選手・コーチでした．また，第一生命保険（2024）によれば，小学生男子が「大人になったらなりたいもの」の 4 位がサッカー選手，5 位が野球選手でした．

　スポーツ選手という職業が成立するようになると，監督やコーチあるいは審判も職業として成立するようになりますし，チームの運営スタッフも社員として雇用されるようになります．さらに，経営者のプロ化も進みます．

　日本には NPB 以外にもサッカーの J リーグ，バスケットボールの B リーグ，卓球の T リーグ，ラグビーのリーグワンといったさまざまなプロスポーツリーグがあります．プロのスポーツリーグが創設されると選手がその競技に専念することで暮らしが成り立つ収入を得られるようになるだけではなく，指導者，審判，運営スタッフなど，たくさんの人々が生計を立てられるようになるのです．

　このような「仕事の広がり」に焦点を当てて，その仕組みを明らかにしようとする営みが「スポーツ産業学」なのです．

❸ プロスポーツチームの選手賃金と成績との関係 ──→

　野球やサッカーのようなプロスポーツリーグでは，選手の競技力は賃金に反映される傾向が強いといえます．したがって，強いチームを編成しようとすれば，チーム人件費は必然的に高騰することになります．選

手の怪我やコンディション，天候，運なども勝敗には影響を及ぼすので，お金さえかければ強いチームになるわけではありませんが，チーム成績を決める重要な要因の1つが選手賃金であることに疑いの余地はないでしょう．では，選手賃金の影響力はどのくらい強いのでしょうか．

内田・平田（2008）は，Jリーグディビジョン1のクラブを対象として，選手賃金と成績の関係を検証しています．2006年の1年間を対象とした調査では，成績の30%を選手賃金が説明できることが示されました．また，1997年から2006年までの10年間を対象とした調査では，成績の76%を選手賃金が説明できることが示されました．この結果からは，長期的には，選手賃金へ投じる資金が大きいチームほど好成績を残せますが，短期的には期待したような成績を残せないこともある，ということが示唆されます．

資金を潤沢に使えるほど優れた選手と契約できて，競技力が高い選手が集まれば強いチームを編成できるので，よく考えたら当たり前の結果のようにも思えます．このような関係の成立を検証・確認することも，スポーツ産業学の役割の1つです．多くの人が当たり前だと感じる事象でも，それを明らかにすることによって，次の疑問が喚起されます．上述の事例の場合であれば，同じように人件費を投下しているのに強いチームと弱いチームがあるのはどうしてなのか，というような疑問です．次の疑問が喚起されて次の発見を生む，このような研究の積み重ねが期待されるのです．

❹ スポーツ産業学を学ぶということ ─────────➤

スポーツ産業学は，字義のとおり，スポーツ産業を研究対象とする学問です．スポーツ産業学では，スポーツ産業の健全な発展と国民のため

の豊かなスポーツ環境の醸成を目的として，学術的な探求が行われます．

　スポーツ産業学の学問としての特色は3つあります．1つめは，理論への貢献を志向するのではなく，社会課題の解決への寄与が重視されることです．学問は理論に基づき体系化された知識と方法の総称ですから，真理を探究し，理論を構築することはとても重要です．しかし，スポーツ産業学では，理論構築よりも，歴史的経緯や背景状況といったコンテキストを含めて，現実の社会課題の構造を分析したうえで解決策を提案し，実際に問題解決を図ることが重視されます．

　スポーツ産業学の2つめの特色は，研究成果の目指す方向（価値観）が規定されることです．スポーツ産業学では，社会課題の解決を大義として，どのような研究を進めてもよいわけではありません．これは，学問の自由の制限を意味するものではありません．スポーツ産業学が目指すのは，スポーツ産業の健全な発展と国民のための豊かなスポーツ環境の醸成です．産業発展を追求するあまり安全の確保や環境の保全などをおろそかにするなど，スポーツ産業学の社会的使命（公益性）を見失ってはならないことを意味します．

　スポーツ産業学の3つめの特色は，学際的な学問であることです．スポーツが名前につく学問としてスポーツ医学，スポーツ工学，スポーツ社会学などが挙げられます．それぞれは医学，工学，社会学から専門分化したもので，親学問で確立した枠組みでスポーツにアプローチし，理論への貢献が志向される学問です．これに対し，スポーツ産業学は，さまざまな分野の知識を投入し研究手法を駆使してスポーツ産業問題にアプローチし，問題解決への寄与が重視されます．

　本章では，スポーツ産業学とはどのような学問なのか，スポーツ産業学を学ぶことによってどのような問題を解決できるようになるのかにつ

いて，ほんの少しだけ触れました．次章以降で，スポーツ産業の健全な発展と国民のための豊かなスポーツ環境の醸成のための学術的な探求について，理解を深めていきましょう．

注

1)　MLB や NPB の市場規模（入場者数や年俸などの経営情報も含む）は，球団やリーグから報道された情報に基づいて，メディアやシンクタンクなどが独自に集計して公表しています．MLB では Forbes（https://www.forbes.com）が有名で，多くの記事がこのデータを引用しています．NPB との比較なども含めて，以下のサイトが参考になるでしょう（いずれも，2024 年 11 月 7 日閲覧）．
http://mlb-info.com/post-11942/
https://jp.statista.com/statistics/1357550/total-league-revenue-of-the-mlb-since-2005
https://newspicks.com/news/10544305/body/
https://www.espn.com/mlb/attendance
https://president.jp/articles/-/67472?page=2#good_rewarded
https://note.com/yasunao47/n/n1339b927ec21

2)　MLB はサラリーキャップ制を導入していなかったので，他リーグと比べて，選手の年俸がどんどん高騰していました．オーナー側が球団経営の窮状を訴え，選手会はそれを信用せず，サラリーキャップ導入をめぐってストライキが敢行されました．

参考文献

内田亮・平田竹男（2008）「プロスポーツクラブにおける成績と選手賃金（推定年俸）の関係──J リーグクラブにおける分析──」『スポーツ産業学研究』18：79-86.
第一生命保険（2024）「第 35 回『大人になったらなりたいもの』調査結果を発表」（https://www.dai-ichi-life.co.jp/company/news/pdf/2023_066.pdf，2024 年 9 月 28 日閲覧）.
日本 FP 協会（2024）「2023 年小学生『将来なりたい職業』ランキング」（https://www.jafp.or.jp/about_jafp/katsudou/news/news_2024/files/newsrelease20240425.pdf，2024 年 9 月 3 日閲覧）.

どうして，米国プロ野球（MLB）の市場規模が拡大したのか

　本文で示したように，アメリカの MLB の市場規模（球団やリーグの収益総額）は，1995 年には 14 億ドル（当時の為替レートで 1317 億円）でしたが，2023 年には 116 億ドル（当時のレートで 1 兆 6296 億円）と，約 8 倍（円換算では 12 倍）に達しました．その間，日本のプロ野球（NPB）の市場規模（推計値）は，約 900 億円から 1800 億円と，約 2 倍の増加にとどまっています．

　どうしてこのような格差が生まれるのでしょうか．

　まず第一の理由は，経済成長の格差です．アメリカの名目 GDP をみると，1995 年には 7 兆 6397 億ドルでしたが，2023 年には 27 兆 3578 億ドルと約 3.6 倍に成長しました．この間，日本の名目 GDP は，522 兆円から 592 兆円と約 1.1 倍しか成長していません．このように，市場規模の基盤となる経済規模自体の差が最も大きな要因です．ただし，経済規模を反映したインフレ補正を行ってもなお，2023 年の MLB の市場規模は 1995 年の 4 倍以上となりました．第二の理由として，円／ドル間の為替レートの変動も挙げられます．円／ドルの年間平均レートは，1995 年は 94 円／ドルでしたが，2023 年は 140 円／ドルで，円換算した MLB の収益総額は，ドルで表した場合に比べて約 1.5 倍となります．第三の理由が，営業収益力の違いです．MLB は 30 チーム，NPB は 12 チームと，その球団数が違うことから，シーズン中の試合数の違いによる入場料収入の差も挙げられますが，売り上げの大きな割合を占める放送権料や協賛料の違いが大きいとされています．

　MLB での日本人選手の活躍は，日本でも大きく報じられていますし，日本企業のスポンサーが増えていることも，MLB の収益増加の一因となっています．

第 1 章

スポーツ産業とは

スポーツ産業はスポーツを取り扱う産業です．本章では，まずはスポーツについて，次にスポーツ産業について考えましょう．

→01　　　　　　スポーツとは

　「スポーツとは何か」と問われたら，あなたは何と答えますか．スポーツという言葉は日常で誰もがよく耳にするものですが，改まってスポーツとは何かを考えることはほとんどないことでしょう．

　「スポーツ」という言葉から想起されるのは，大抵の場合，野球やサッカー，ウォーキングやヨガ，あるいは散歩やトレッキングなど，特定の身体活動ではないでしょうか．身体活動は「安静にしているよりも多くのエネルギーを消費するすべての身体の動き」と定義され（厚生労働省, 2013），日常生活の場面に応じて仕事の身体活動，移動の身体活動，余暇の身体活動に分類されることもあります．

　スポーツを辞書で引くと「陸上競技・野球・テニス・水泳・ボートレースなどから登山・狩猟などにいたるまで，遊戯・競争・肉体的鍛錬の要素を含む身体運動の総称」（広辞苑第七版）や「楽しみを求めたり，勝敗を競ったりする目的で行われる身体運動の総称．陸上競技・水上競技・球技・格闘技などの競技スポーツのほか，レクリエーションとして行われるものも含む」（デジタル大辞林）と説明されています．身体運動を身体活動と読み替えても差し支えありません．スポーツは様式だけでなく目的も多様な身体活動と解釈できそうです．

　では，「e スポーツ」はどうでしょう．指先と眼球を動かすとはいえ，

身体活動としては不十分だと考える人からすれば，「eスポーツはスポーツとはいえない」となるでしょう．スポーツの語源はラテン語のde-portare（運ぶ，運び去る）で，それが転じて，仕事などの日常生活から離れて気晴らしをすることや遊び戯れることという意味をもつようになりました．したがって，語源に基づき解釈すれば，スポーツの本質は「遊び」となります．「遊び」であるならば，「eスポーツもスポーツだ」と主張することもできます．ちなみに，アジアのスポーツの祭典であるアジア競技大会において，eスポーツは，第18回大会（2018年，ジャカルタ・パレンバン）でのデモンストレーション競技を経て，第19回大会（2022年，杭州）から正式種目となっています．

さて，最初の質問に戻りましょう．「スポーツとは何か」という問いに対して何と答えるか．スポーツは多義的なもので，一義的に定めることは難しそうです．スポーツを広義に解釈すれば，スポーツ産業にも広がりをもたせられるので，スポーツ産業学の立場からは広義の定義がよさそうです．そこで，本書ではスポーツの要件を厳格に定めることはせず，ある人がスポーツとみなすものはスポーツである，という立場をとることとします．

┤02 スポーツ文化を産み出す 経済活動

「産業」とは，人々の生活や活動に必要な物品やサービスを生産する経済活動のことです．これに倣えば，スポーツ産業では「人々のスポーツライフやスポーツ活動に必要な物品やサービスを生産する経済活動」が行われることになります．物品やサービスの具体例を挙げれば，ジョ

ギングのためのランニングシューズ（スポーツ用品），テニスをするための
コート（スポーツ施設），インストラクターのもとで行われるヨガ教室
（スポーツサービス）となります．

　ところで，スポーツ基本法は「スポーツは，世界共通の人類の文化で
ある」という一文から始まります．これに異論を唱える人はいません．
そうであるならば，スポーツ産業は文化に関わる産業ということになり
ます．スポーツが文化であることを踏まえると，スポーツ産業で生産さ
れるものを物品やサービスに限定してしまうと，なんだか物足りなさが
感じられます．では，スポーツ産業を「人々の生活や活動に必要な文化
たるスポーツを生産する経済活動」としてはどうでしょうか．より包括
的になりました．文化たるスポーツは人々の生活や活動に必要なもので
あることは自明なので，「スポーツ文化を生産する経済活動」としても
差し支えないでしょう．

　さて，スポーツが文化であることに異論を唱える人がいないのに，な
ぜ「スポーツ」ではなくわざわざ「スポーツ文化」とする必要があるの
でしょうか．スポーツに「文化」を併記する理由は，経済活動を意識し
過ぎるあまり，スポーツ産業の範囲がスポーツに関する物品やサービス
の「売り買い」に限定されてしまうことを避けるためです．例えば，ス
ポーツ団体やスポーツイベントをボランティアが支えることは多々あり
ます．ボランティアは自発的に自らの労力，時間，情熱を投じて活動し
ますが，対価として求めるものは金銭ではなく充足感です．ボランティ
ア活動から産み出された労働に金銭的対価が発生していなくても，それ
がスポーツ産業の営みであることに疑問の余地はありません．スポーツ
文化と記すことで，スポーツ産業が有する広がりが損なわれることなく
認識されるようにしたいのです．

　スポーツを一概に定めるのが難しいのと同じように，スポーツ産業を

定義することも容易ではありません．スポーツ産業では「スポーツ文化
を産み出す経済活動」が行われるので，産業発展のためには価値に見合
う稼ぎを得ることが重要です．しかし，「売り買い」だけでスポーツ産
業が捉えられるわけではないのです．

03 スポーツ産業の姿・形

　前節の説明でスポーツ産業の概念は理解できたと思いますが，具体的
に，スポーツ産業の姿・形をどのように理解すればよいのでしょうか．
いまから30年以上前の1990年に刊行された『スポーツビジョン21』
では，スポーツ産業が「スポーツ製造業」「スポーツスペース業」「ス
ポーツサービス業」から成る構図が示されました（図1-1参照）（通商産業
省産業政策局編，1990）．スポーツ産業は「スポーツに関するすべての産
業」と捉えられているのですが，当時は新しい概念であったと同書に記
されています．スポーツ産業に対する社会の認知は高くなかったことが
うかがえます．

図1-1　スポーツ産業の構造（『スポーツビジョン21』モデル）
出典：通商産業省産業政策局編（1990）．

『スポーツビジョン21』ではスポーツ産業が静止画的に描写されているのに対し，原田（1995；2003；2011）ではスポーツ産業が動画的に捉えられています．伝統的領域である「スポーツ用品産業」「スポーツ施設空間産業」「スポーツサービス情報産業」がほそぼそと排他独立的に存在し，発展に伴い互いに重なる複合領域として「スポーツ関連流通業」「施設・空間マネジメント産業」「ハイブリッド産業」が出現します（原田，1995）．21世紀になるとIT産業がスポーツ産業を覆い（原田，2003），近年では「食」「医療」「健康」「ファッション」「観光」といった領域との連動が起こります（原田，2011）．スポーツ産業が広がる様子がこのように描かれています（図1-2参照）．

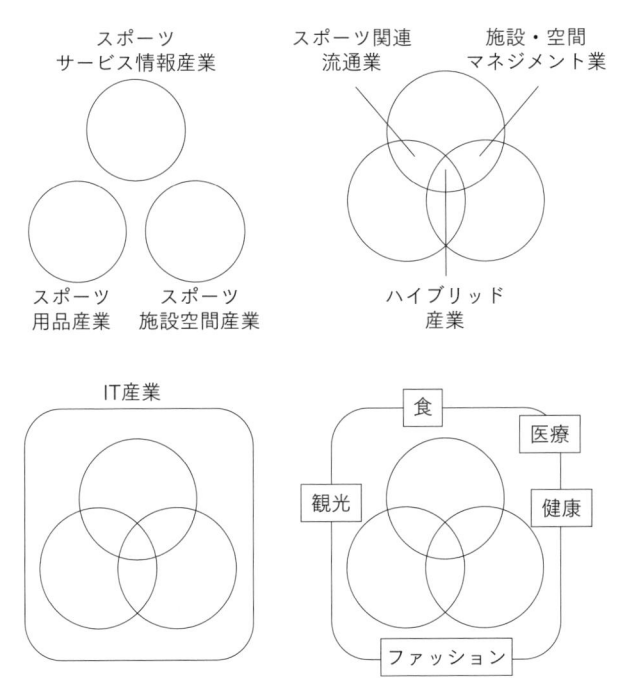

図1-2　スポーツ産業の成長過程（原田モデル）
出典：原田（1995；2003；2011）．

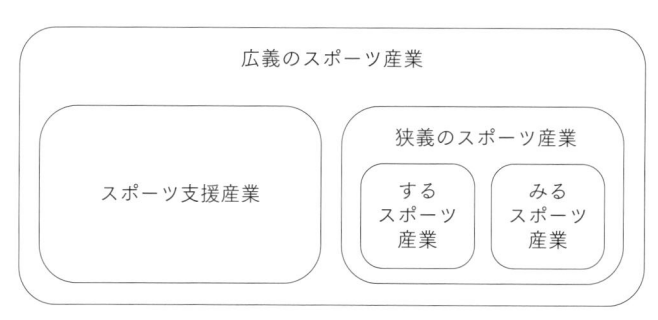

図 1-3　スポーツ産業の構造（澤井モデル）
出典：澤井（2008）.

　澤井（2008）はこれらとは少し違った視点でスポーツ産業を捉えています．狭義に捉えたスポーツ産業は「スポーツそのものを生み出す産業」とされます．これを構成するのが，スポーツをみる価値をスポーツ観戦者に提供する「みるスポーツ産業」とスポーツをする価値をスポーツ参加者に提供する「するスポーツ産業」です．スポーツ用品製造業やスポーツ施設提供業のように狭義のスポーツ産業をサポートする産業は「スポーツ支援産業」に分類されます．狭義のスポーツ産業とスポーツ支援産業を合わせたものが広義のスポーツ産業となります．消費者の視点から整理した構図といえます（図 1-3 参照）.

　政府の統計基準に「日本標準産業分類[1]」というものがありますが，残念ながら「スポーツ産業」という項目は存在しません．スポーツに関連するものはあちこちの産業に紛れ込んでいることになります[2]．本節で紹介したスポーツ産業の姿・形は，それぞれの観点でスポーツ産業の構成要素を抽出して組み合わせたもの，と見立てることができそうです．

注
1)　統計を産業別に表示する場合の統計基準として，事業所において社会的な分業として行われる財及びサービスの生産又は提供に係るすべての経済活動を分

類したもの.
2)　　p.101 参照.

参考文献

厚生労働省（2013）『健康づくりのための身体活動基準2013』.

澤井和彦（2008）「総論『スポーツ産業で働く』ということ」『SpoBiz ガイドブック '08-'09』プレジデント社：27-31.

通商産業省産業政策局編（1990）『スポーツビジョン21──スポーツ産業研究会報告書──』通商産業調査会.

原田宗彦（1995）「スポーツ産業とは？」，原田宗彦編『スポーツ産業論入門』杏林書院：3-12.

原田宗彦（2003）「進化するスポーツ産業」，原田宗彦編『スポーツ産業論入門　第3版』杏林書院：2-16.

原田宗彦（2011）「進化するスポーツ産業」，原田宗彦編『スポーツ産業論　第5版』杏林書院：2-18.

第 **2** 章

スポーツという
商品を考える

第1章で説明したとおり，スポーツ産業では「スポーツ文化を産み出す経済活動」が行われます．本章では，経済活動によって生み出される「経済的提供物（economic offering）」——簡単にいえば「商品」——について考えてみましょう．

┤01　　モノ・サービス・コト

　「商品」は，「モノ」「サービス」「コト」の3段階で分類できます（Pine & Gilmore, 1998）．スキーを例に考えてみましょう．

　スキーを楽しむには道具が必要です．専門店へ行き，スキー板やストック，スキーブーツ，スキーウェアなどをそろえます．これらは「モノ」に該当します．

　道具類を装着しただけではスキーは楽しめません．ゲレンデへ赴き勾配を登らなければなりません．スキー板を担いでの徒歩移動は重労働ですが，滑り降りるのはあっという間です．そこで，リフトやゴンドラに乗り，労せず上層まで運んでもらうことにします．これは「サービス」です．技術が向上すれば楽しさも増すので，インストラクターによるレッスンを受けることとします．これらも「サービス」です．スキー板やスキーウェアのレンタルサービスを利用すれば，これらは「モノ」ではなく「サービス」です．

　斜面を滑走しながら爽快感を味わうのはもちろんのこと，山頂では壮大な雪景色に感嘆し，ゲレンデのレストハウスでリフレッシュし，レストランで食事を堪能し，アフタースキーのアトラクションも含めて友人

と一緒に楽しい時間を過ごしたいものです．このようなスキーに関連した体験は「コト」に該当します．もちろん，思い描く体験を得るには，多様なゲレンデの中から自分が欲する条件を満たすゲレンデを選ぶ必要があります．

「モノ」は生産され，「サービス」は提供され，「コト」は演出されます．「モノ」「サービス」「コト」について，もう少し説明しましょう．「モノ」には形があります．大抵，工場や工房で標準化された商品が生産され，流通されて販売されます．品質は商品そのもの（機能やデザインなど）に依存します．

「サービス」には形がありません．行為や活動，専門知識などに基づいて提供されます．提供者のスキルや能力が品質に影響を及ぼします．提供者と消費者が同時に関わるので，「サービス」は提供されるのと同時に消費され，またカスタマイズが可能です．先のスキーレッスンの例を用いれば，インストラクターによるデモンストレーションやアドバイスが生産されるのと同時に，受講者はそれを消費することになります．インストラクターは受講者の様子を見ながら教える内容や教え方を調整します．これが生産と消費が同時，カスタマイズ可能という意味です．

「コト」は一定時間をかけて消費される体験そのものです．提供者が消費者を魅了するために，「モノ」を小道具として，「サービス」を舞台として利用し，消費者の記憶に残る出来事を創造するとき，体験が生まれます．

「モノ」「サービス」「コト」を「価格設定（pricing）」軸と「競争力（competitive position）」軸の 2 軸で捉えると図 2-1 のようになります．高価格を設定できる商品は，他の商品と差別化された競争力のある商品であることが示されています．「モノ」「サービス」「コト」の優劣が示されているわけではありません．視点を変えると，他の商品と差別化され競争

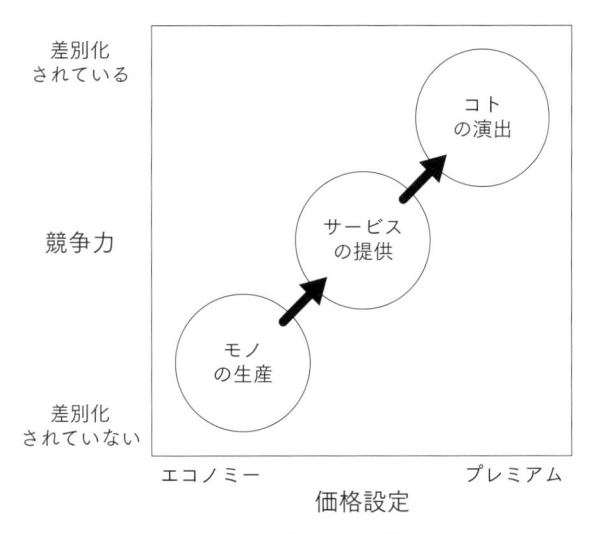

図 2-1　経済価値の進歩
出典：Pine & Gilmore（1998）をもとに作成.

力に長けた商品は訴求される価格で決まる，と読み取ることもできます.

→|02　　　　　　　　時間

　現代人は多忙です. 誰もが時間に追われる日々を過ごしています. 時間はすべての人に平等に与えられますが，自分の都合で止めることも，溜めておいてあとで使うことも，誰かに分けてもらうこともできません. したがって，現代人にとって最も希少な資源は「時間」といえるでしょう.

　前節で説明したとおり，「モノ」「サービス」「コト」のうち，「コト」とは一定時間をかけて消費される体験そのものです. 時間という観点から捉えれば，「コト」は時間の過ごし方，時間の消費の仕方と言い換え

ることができます．ある時間をある「コト」に使うと，その時間を他の「コト」に使うことはできません．ということは，消費される時間が「コト」の価値を反映しているとみなすことができます．

スポーツとの関わり方は「する」「みる」「ささえる」と多様です．どのような関わり方であっても，スポーツに関わる体験であることに違いはありません．関わり方を問わず，スポーツにささげられた時間の総数が，スポーツの価値を表しているとみなせます．

個々人がスポーツに関わる時間を増やせば，消費時間の総数は増えます．ただ，1人がスポーツに費やすことができる時間は長くて1日当たり数時間です．

スポーツに関わる人数を増やしても，消費時間の総数を増やすことができます．野球を例に考えてみましょう．2人でキャッチボールをすれば，1人で壁当てを行うのと比べて，2倍の時間が消費されたことになります．仲間を集めてゲームをすれば，1チームあたり9人，2チーム合わせて18人と仮定して，18倍の時間が消費されたことになります．プロ野球であれば，数万人の観戦者がスタジアムを訪れるので，数万倍の時間が消費されたことになります．スポーツとの関わり方を問わず，同じ時間を共有する人が多ければ，それだけスポーツの価値は高まるのです．

ところで，「コト」に関わる時間には無価値な時間と有価値な時間が含まれます．無価値な時間とは，行列に並ぶ時間や目的地へ移動する時間などが挙げられます．有価値な時間は体験の時間です．希少な資源である時間を「コト」に充ててもらうには，無価値な時間を減らす，あるいは無価値な時間を有価値な時間へ転換することが求められます（鈴木，2019）．行列に並ぶ時間が短くなれば，無価値な時間を減らすことになります．行列に並んでいる間も楽しめる仕掛けがあれば，無価値な時

間が有価値な時間へ転換されたことになります．スポーツに関わる人には，その関わり方がどのようなものであれ，長く関わってもらいたいものです．そのためには，スポーツ周辺の無価値な時間への対処を怠るわけにはいきません．

⊣03　満足

　スポーツの消費時間の総数を増やすためには，多くの人に繰り返しスポーツに関わってもらう必要があります．そのためには，スポーツと関わる時間に満足してもらうことが重要です．

　商品に対する満足感は，消費者の頭あるいは心の中で生み出されます．その判断基準は商品に対する期待です．期待と実際のパフォーマンス（知覚された結果）が比較されて，満足の度合いが決まると考えられています（Oliver, 1980）．つまり，期待どおりであれば満足するし，期待に見合わなければ不満に感じ，期待を上回れば歓喜します．

　また，満足だと感じるのは，妥当だと感じる水準から，こうあって欲しいという願望の水準まで，幅があると考えられています．そして，この幅は変動するとも考えられています（Johnston, 1995）．人によって異なるし，同じ人でも場合によって異なる，ということです．

　日本が生んだ歴代最高のボクサーともいえる井上尚弥は，2018 年 5 月に WBA バンタム級世界王者のマクドネル（Jamie McDonnell）に挑み，1 ラウンド 1 分 52 秒でテクニカル KO 勝ちしました．10 月には World Boxing Super Series バンタム級の初戦でパヤノ（Juan Carlos Payano）と対戦し，1 ラウンド 1 分 20 秒で KO 勝ちしました．翌 2019 年 5 月，

準決勝のロドリゲス（Emmanuel Rodriguez Vazquez）戦は2ラウンド1分19秒でのテクニカルKO勝ちでした．3試合とも圧倒的な勝利でした．ロドリゲス戦直後の記者会見での最初の質問は「なぜ2ラウンドもかかったのですか」でした．2試合続けて1ラウンドでKOしていたので，自然と期待水準が高くなっていたわけです．このように期待感が変動するので，満足の幅も変動することになるのです．

　さて，少し違う観点から満足について考えてみましょう．欲求が充たされると満足の度合いは高まりますし，欲求が充たされなければ不満の度合いが高まります．経験則からも，納得できるのではないでしょうか．ところが，満足というものは，それほど単純ではなく，もう少しややこしいものだと考えられています．

　欲求が充たされなくても不満にはならない，ということがあります．あるいは，欲求が充たされても満足には至らない，ということもあります．このような満足の構造は「狩野モデル」として説明されています（狩野ほか，1984）．充たされると満足の度合いが高まり，充たされないと不満の度合い高まる，これを一元的品質といいます．充たされると満足の度合いが高まるが，充たされなくても不満にはならない，これを魅力的品質といいます．充たされないと不満の度合いが高まるけれども，充たされても満足するわけではない，これを当たり前品質といいます（図2-2参照）．

　魅力的品質の性格が色濃い商品にはどのようなものがあるでしょうか．例えば，ロサンゼルス・ドジャースの大谷翔平のようなスーパースターです．ドジャー・スタジアム（Dodger Stadium）で試合観戦することを想像してみてください．ボールパークでビールを飲んでホットドッグをほおばりながら試合観戦を楽しむ．これだけでも十分に満足ですが，大谷がホームランでも打てば気分は最高です．まさに歓喜のレベルで

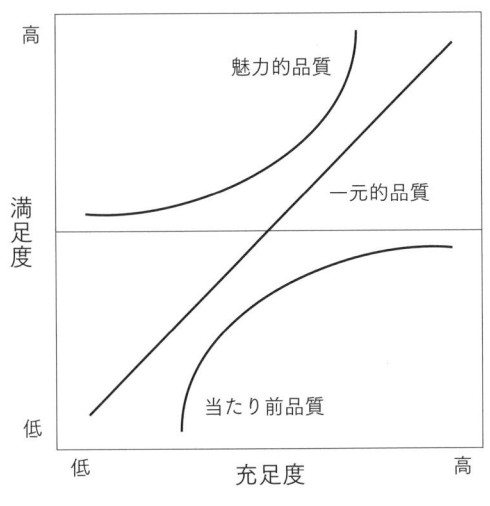

図 2-2　狩野モデル

出典：狩野ほか（1984）.

す．では，大谷が三振だったらどうでしょうか．残念に思うかもしれません．不満にはならないと思います．

　当たり前品質の性格が色濃い商品にはどのようなものがあるでしょうか．例えば，審判員が挙げられます．ミスジャッジでもしようものなら大罪人のように非難の声を浴びせかけられます．ところが，完璧なレフェリングをしても，それが当たり前だと思われるだけで，賞賛されることはありません．

　満足の機序を理解したうえで，スポーツと関わる人の満足度を高めるためにどのような施策を打つべきか検討することは，スポーツ産業学の重要なテーマの1つです．

04 スポーツ人口

　前節では，商品の区分と特性や満足の機序について学びました．では，スポーツという商品の消費者，すなわちスポーツに関わる人の実態はどうなっているのでしょうか．本節では，笹川スポーツ財団の「スポーツライフ・データ[1]」を基に，成人を対象として，「する」「みる」「ささえる」の視点で確認してみましょう．

　まずは「みる」スポーツから始めましょう．運動・スポーツ実施率は，2022年調査によれば，年1回以上72.9 %，週1回以上58.5 %，アクティブ・スポーツ人口（週2回以上，実施時間1回30分以上，運動強度「ややきつい」以上をすべて満たす運動・スポーツ実施者）20.2 %でした．図2-3が示すとおり，いずれの実施率も2012年以降の10年間にほとん

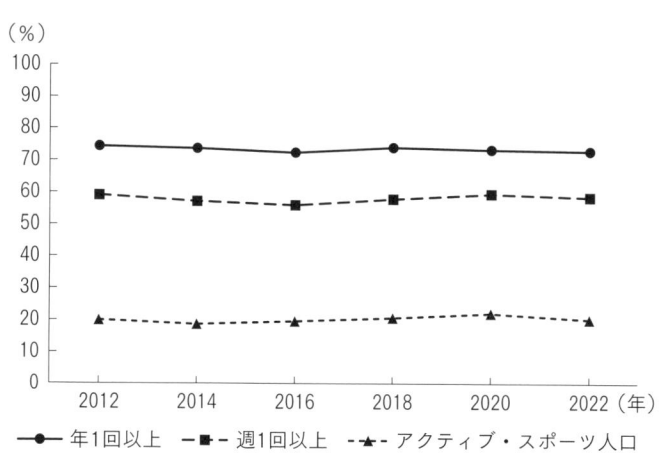

図2-3　運動・スポーツ実施率の推移
出典：笹川スポーツ財団（2022）．

ど変化はみられません.

　では, どのような運動・スポーツが実施されたのでしょうか. 2022年調査によれば, 年1回以上の実施率の高い種目は「散歩 (ぶらぶら歩き)」31.8 %, 「ウォーキング」29.4 %, 「体操 (軽い体操, ラジオ体操など)」17.4 %, 「筋力トレーニング」16.4 %, 「ジョギング・ランニング」8.9 %でした. 週1回以上の実施率の高い種目は「ウォーキング」21.1 %, 「散歩 (ぶらぶら歩き)」20.3 %, 「体操 (軽い体操, ラジオ体操など)」12.5 %, 「筋力トレーニング」12.4 %, 「ジョギング・ランニング」5.6 %でした. 1人で手軽に実施できて, 運動強度の高くない種目が並んでいることがわかります.

　次に「みる」スポーツの実態を確認してみましょう. スタジアムやアリーナなどで直接スポーツを観戦した人の割合 (2022年) は 19.3 %でした. 過去10年間では, コロナ禍前の観戦率は3割強で大きな変動なく推移していましたが, 2020年に2割強にまで落ち込み, 2022年にはさらに減少して2割を割り込みました (図 2-4 参照).

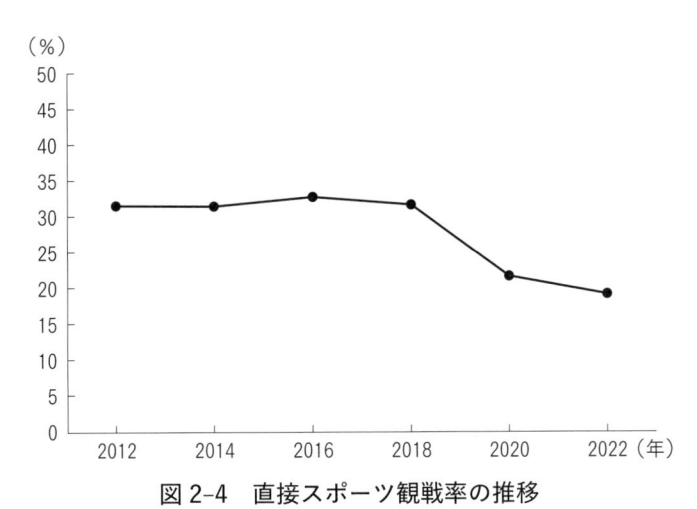

図 2-4　直接スポーツ観戦率の推移

出典：笹川スポーツ財団 (2022).

観戦率の高かった種目は，「プロ野球（NPB）」8.7 %，「J リーグ（J1，J2，J3)」3.0 %，「高校野球」2.8 %，「サッカー（高校，大学，JFL，WE リーグなど)」1.3 %，「プロバスケットボール（B リーグ）」1.0 %でした．

　続いて，「ささえる」スポーツを確認してみましょう．「スポーツライフ・データ」ではスポーツボランティアの実施率や実施内容に関する調査結果が示されています．なお，スポーツボランティアは「報酬を目的としないで，自分の労力・技術・時間などを提供して地域社会や個人・団体のスポーツ推進のために行う活動」と定義されています．2022 年調査によれば，スポーツボランティア実施率は 4.2 %で，この 10 年間で最も低い実施率でした．新型コロナウイルス感染症の流行がボランティア機会の減少を招いたと考えられますが，図 2-5 が示すとおり，この 10 年間は減少基調にあることも読み取れます．

　スポーツボランティアの間で実施率が高い活動は，日常的な「団体・クラブの運営や世話」40.2 %，日常的な「スポーツの指導」38.6 %，地域の「大会・イベントの運営や世話」33.1 %でした．

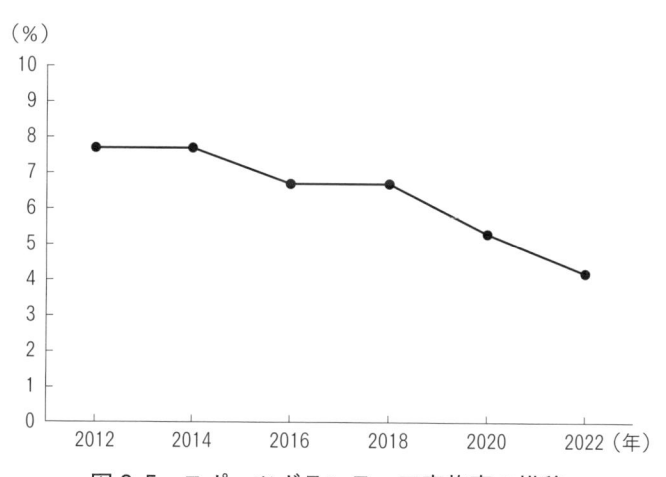

図 2-5　スポーツボランティア実施率の推移
出典：笹川スポーツ財団（2022）．

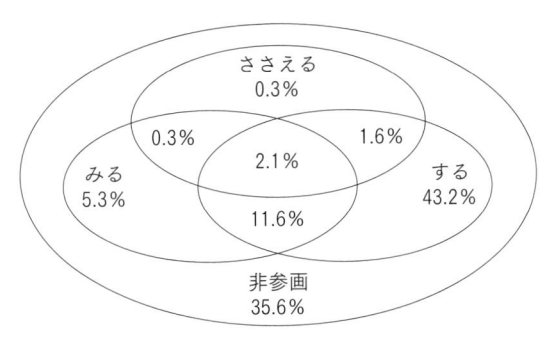

図 2-6　「する」「みる」「ささえる」スポーツ参画の構成 (2022 年)
出典：笹川スポーツ財団（2022）.

　スポーツとの関わり方は人それぞれです．「する」「みる」「ささえる」のすべてに関わる人もいれば，スポーツとまったく関わらない人もいます．その構成比を示したものが**図 2-6** です．スポーツ産業の健全な発展と国民のための豊かなスポーツ環境の醸成のためにやれることは，まだまだたくさんありそうです．

注
1)　　「スポーツライフ・データ」は，笹川スポーツ財団により隔年で実施される全国の運動・スポーツ活動の実態調査に基づく基礎資料です．対象は全国の成人男女 3000 人，調査方法は訪問留置法による質問紙調査です．

参考文献
狩野紀昭・瀬楽信彦・高橋文夫・辻新一（1984）「魅力的品質と当り前品質」『品質』（日本品質管理学会），14(2)：147–156.
笹川スポーツ財団（2022）『スポーツライフ・データ 2022』.
鈴木謙介（2019）『誰もが時間を買っている――「お金」と「価値」と「満足」の社会経済学――』セブン＆アイ出版.

Johnston, R.（1995）"The zone of tolerance", *International Journal of Service Industry Management*, 6(2)：46–61.
Oliver, R.L.（1980）"A Cognitive Model of the Antecedents and Consequences of Satisfaction Decisions", *Journal of Marketing Research*, 17(4)：460–469.
Pine II, B.J. & Gilmore, J.H.（1998），"Welcome to the experience economy", *Harvard Business Review*, 76(4): 97–105.

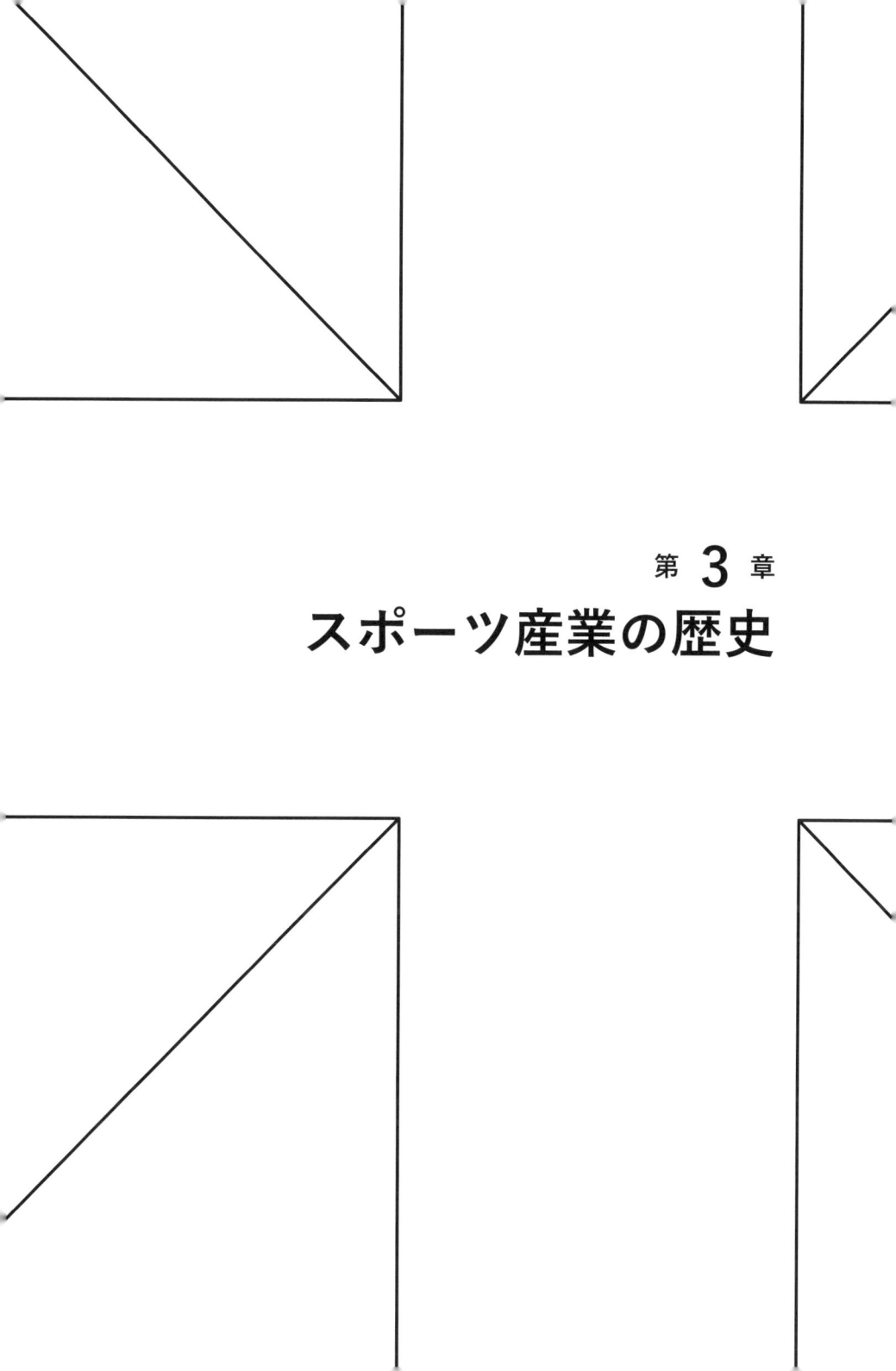

第 **3** 章

スポーツ産業の歴史

ギリシャで行われていた古代オリンピック（紀元前776年〜393年）にもプロ選手が存在していたと言われています．日本でも古くから相撲の興行が始まり，江戸時代にはそれを運営する組織も生まれていました．これら祭典や興行にはさまざまな産業が関係していたことは容易に想像することができるのではないでしょうか．

　18世紀後半のイギリスでの産業革命以降，これまでの伝統的スポーツに代わる新たな近代スポーツが世界中に普及していきました．この近代スポーツにおいても興行が始まり，さまざまな産業が生まれ発展していきました．ここでは，近代から現代にかけてスポーツ興行とスポーツ用品産業がどのように起こり拡がっていったのかみていきます．

01　スポーツ興行の歴史

❶ プロスポーツリーグの起こり ——————————→

（1）近代スポーツとアマチュアリズム

　産業革命をきっかけに，イギリスでは近代スポーツが形成されます．エリート教育機関であるパブリックスクールがその土壌となり，資本家階級を中心にルールが統一され，統括団体が結成されていきました．

　労働時間の短縮や可処分所得の増加により，労働者階級の人々もサッカーやラグビーなどの近代スポーツを楽しむようになると，その中から

プロ選手として活動する者も現れてきます．しかし，労働者階級に対する差別意識を背景に持つ いわゆるアマチュアリズムという考え方から，資本家階級はアマチュアとプロを区別し，プロ選手を排除する動きを起こします．労働者階級の選手の中には，練習や試合により仕事ができなかった際の賃金を補填（ブロークンタイム・ペイメント）してもらっていた者もいましたが，そのような場合でもプロ選手とみなされたのです．

サッカーでは，フットボール協会（FA）の結成当初は資本家階級のアマチュア選手がほとんどでしたが，労働者階級のプロ選手が台頭するとFA は 1884 年にプロ選手を雇用したクラブの FA カップ出場を禁止しました．しかし，イングランド北部の労働者クラブが強く反発したため，最終的にはプロ化が認められる結果となります．これにより，1888 年に 12 クラブによるプロリーグ「フットボール・リーグ」が発足し，サッカーはアマチュアとプロが共存して発展する道を歩むことになりました．

ラグビーでも同様で，ラグビー・ユニオンが 1886 年にプロ選手を禁止し，これに対してイングランド北部の労働者クラブが強く反発します．しかし，交渉が決裂したことで 1895 年に北部ユニオン（後にラグビー・リーグ）が結成され，ラグビーはアマチュア遵守のラグビー・ユニオンとプロ容認のラグビー・リーグに分裂して発展することになりました．ちなみに，現在では，ラグビー・ユニオンは 15 人制，ラグビー・リーグは 13 人制を採用して存続しています．また，ラグビー・ユニオンは 1995 年にプロ化を容認し，100 年以上にわたって堅持していたアマチュアリズムに終止符を打ちました．

(2) アメリカのプロリーグ形成

イギリスで形成された近代スポーツは，植民地の拡大と深く関わりな

がら世界中に普及していきました．一方で，アメリカでは独自のスポーツ文化が育まれ，野球，バスケットボール，アメリカンフットボールなどが新たに創案されます．これらのスポーツは広く大衆に受け入れられ，プロ化が進みましたが，特に野球は絶大な人気を博し，早い段階から産業として発展していきました．

　野球の起源についてはさておき，1869 年に最初のプロチーム「シンシナティ・レッドストッキングス」が結成されました．このレッドストッキングスは結成年に 66 試合を行い，約 20 万人を集客したと言われています．これをきっかけに，野球がビジネスとして注目されるようになり，次々とプロチームやプロリーグが設立されるようになります．

　1876 年には，現在のメジャーリーグベースボール（MLB）の 1 つであるナショナル・リーグが誕生しました．なお，このナショナル・リーグの設立に貢献したスポルディング（Albert Spalding）は，同年にスポーツ用品を製造する SPALDING 社を立ち上げ，成功を収めます．その後もプロリーグの設立や統廃合が繰り広げられ，1901 年にアメリカン・リーグが始まったことで，現在の MLB の 2 リーグ制が完成しました．

(3) 日本のプロリーグ形成

　イギリスやアメリカ由来の近代スポーツが日本に伝わったのは，幕末から明治初期にかけてのことでした．これらのスポーツは，外国人教師や日本人留学生などを通じて伝わり，主に学生が中心となり野球，テニス，陸上競技，ボート競技などを楽しむようになります．その中でも，最も盛んだった野球でプロ化が始まりました．

　最初のプロリーグは，1936 年に結成された日本職業野球連盟にみることができます．読売新聞社の社長であった正力松太郎の呼びかけにより，東京巨人軍（読売新聞）などの新聞社を母体とする 4 チーム，大阪

タイガース（阪神電鉄），阪急軍（阪急電鉄）などの鉄道会社を母体とする3チームが集まり，プロリーグが始まりました．この日本職業野球連盟

どうして，鉄道会社がプロ野球球団を所有したのか

　関西地域の私鉄5社（阪急，阪神，京阪，近鉄，南海）は，鉄道の利用者を増やすため野球場や多目的運動場を沿線に建設し，プロ野球球団を所有しました．京阪電気鉄道だけプロ野球球団を経営しなかったのですが，それはプロ野球に興味が無かったのではなく，当時の寝屋川球場は観客席が小規模で観客を輸送する能力の低さにも問題があったことから，あえて球団を持たなかったようです．

〈阪急電鉄〉
1913年に豊中運動場，1922年に宝塚球場，1937年に阪急西宮球場を建設．
阪急軍（1936〜1946），阪急ブレーブス（1947〜1988）を経営．現在のオリックス・バファローズに継承．

〈阪神電気鉄道〉
1916年に鳴尾球場，1924年に甲子園大運動場（現：阪神甲子園球場）を建設．
大阪タイガース（1935〜1940），現在の阪神タイガース（1961〜）などを経営．

〈京阪電気鉄道〉
1922年に寝屋川運動場を建設．

〈近畿日本鉄道〉
1928年に藤井寺球場，1929年に近鉄花園ラグビー場（現：東大阪市花園ラグビー場）を建設．
近鉄パールス（1949〜1958），近鉄バファローズ（1962〜1998），大阪近鉄バファローズ（1999〜2004）などを経営．

〈南海電気鉄道〉
1939年に中百舌鳥球場，1950年に大阪球場を建設．
南海軍（1938〜1944），南海ホークス（1947〜1988）などを経営．南海ホークスは，1989年にダイエーに売却されて福岡ダイエーホークス（現在の福岡ソフトバンクホークス）に継承された．

は，現在の日本野球機構へと引き継がれていきます．

　日本職業野球連盟によるプロリーグが開始された背景には，新聞社は新聞の発行部数拡大，鉄道会社は路線沿線の開拓という意図があったと言われています．ちなみに，阪神電鉄は大規模球場を求める声と路線沿線の開拓構想の一環として，1924 年に阪神甲子園球場を建設しました．阪神甲子園球場は完成当初から現在の全国高等学校野球選手権大会（夏の甲子園）や選抜高等学校野球大会（春の甲子園）の会場となり，プロリーグが始まると大阪タイガースの本拠地にもなりました．

❷ スポーツ興行の発展 ────────────────→

（1）興行としてのオリンピック

　オリンピック大会は，近代スポーツの世界的な普及に貢献してきました．1896 年に開催された第 1 回大会は 14 カ国，241 人の選手の参加により始まりましたが，その数を徐々に増やしていき，現在では 200 以上の国・地域から 1 万人を超える選手が参加する巨大イベントとして成長しています．

　このオリンピック大会は「アマチュアスポーツの祭典」と言われていました．初期の段階から国際オリンピック委員会（IOC）はアマチュアリズムを掲げ，プロ選手の参加を認めていなかったのです．そのため，1930 年にはアマチュアとプロが共存していたサッカーで，アマチュア選手しか出場できないオリンピック大会に代わり，プロ選手も出場できる世界大会としてサッカー・ワールドカップを創設する動きも起こりました．

　IOC はアマチュアリズムを堅持し，1972 年の札幌オリンピックでは選手の追放問題にまで発展しました．産業化が進んでいたスキーでは選

手が広告塔となりスキー板やウェアの宣伝を行うようになっており，1972 年の札幌オリンピックにおいて，オーストリアの有力選手であったシュランツ（Karl Schranz）選手を起用したポスターで「シュランツはクナイスルで勝つ」としたクナイスル社の広告起用を問題とし，競技参加を認められず，選手村への入場も禁止されました（志賀，2008）．

しかし，ミスター・アマチュアと呼ばれたブランデージ（Avery Brundage）IOC 会長の交代も契機となり，1974 年に IOC はオリンピック憲章から「アマチュア」という言葉をなくしました．これ以降，プロ選手の参加が可能となり，オリンピック大会は商業化に大きく舵を切ることになります．

オリンピック大会の商業化を象徴する出来事として，1984 年のロサンゼルス大会をあげることができます．オリンピック大会の開催には莫大な費用を要することから，開催都市の財政を圧迫していました．ところが，ロサンゼルス大会では，公的資金（税金）を投入することなく，競争入札制により放送権料やスポンサー収入を増やすなどして，黒字を生み出しました．このロサンゼルス大会の成功は，その後のオリンピック大会の商業化を決定づけたのです．

(2) J リーグの誕生

日本でのスポーツのプロ化は，野球をはじめとする一部の種目に留まっていました．プロスポーツの代わりとして，日本では企業スポーツが発達したのです．

1964 年の東京オリンピックは，日本国民のスポーツ熱を高めました．一方で，日本代表選手はこれまで学生が中心的な役割を担っていましたが，この東京オリンピックでは企業に所属する選手が多く出場し，活躍をします．例えば，女子バレーボールは，「東洋の魔女」と呼ばれ

圧倒的な強さを誇った大日本紡績貝塚工場チームの選手を中心に構成され，金メダルを獲得しました．このような企業選手の活躍と日本国民の熱狂に高度経済成長が重なり合い，余裕の生まれた企業は宣伝やイメージアップのためにチームや選手を抱えるようになったのです．

　企業チームによるリーグとして，1965 年に日本サッカーリーグ，1967 年にバレーボール日本リーグ，1968 年にバスケットボール日本リーグなどが結成されました．これら企業スポーツにより日本の競技レベルは維持され，オリンピック大会などには「カンパニー・アマ」として多数の企業選手が輩出されました．しかし，バブル崩壊による日本経済の失速により余裕のなくなった企業はスポーツを切り離し，企業チームの消滅が相次ぐことになります．

　一方で，これまでの企業スポーツから脱し，地域に根差した新しいスポーツのあり方を目指した日本プロサッカーリーグ（Jリーグ）が 1993 年に 10 クラブにより始まりました．企業ではなく地域に密着したJリーグの経営方法は，プロ野球独立リーグ，Bリーグ（バスケットボール），Tリーグ（卓球）などのプロリーグへと継承されることになります．

┤02　スポーツ用品産業の歴史

❶ スポーツ用品産業の起こりと拡がり ───────→

（1）近代体育と体操用具の製造販売

　日本では明治期に近代体育が導入され，全国各地の学校で「体操」の授業が行われるようになりました．1878 年に体操教師養成機関として

設立された体操伝習所では，外国人教師から木製のダンベル（亜鈴）やスティック（球竿）などの用具を用いた体操が紹介され，この普通体操と呼ばれるものと兵式体操が全国の学校で実践されるようになります．そこで登場したのが体操用具製造販売業者で，木工業者や学校教育用品業者などが体操用具を製造，販売するようになりました．

　学生が放課後にスポーツを行うようになると，この体操用具製造販売業者の中でスポーツ用品も取り扱う業者がでてきました．当初は外国製が輸入販売されていましたが，徐々に国産のスポーツ用品が製造，販売されるようになります．これが日本のスポーツ用品産業の始まりと言われています．

(2) スポーツ用品製造販売業者の誕生

　スポーツ用品製造販売業者の最初の 1 つに，1882 年に伊藤卓夫が創業した「美満津商店」があります．体操用具などの製造販売業を始まりとする美満津商店は，東京を拠点として早くから全国的な販売網を確立し，創世記のスポーツ用品業界の中心的な存在でした．美満津商店は，1900 年代には野球やテニスを中心に 20 以上の国産のスポーツ用品を製造販売するまでに成長し，1920 年代にはバスケットゴールやトレーニング機器などの体育館設備なども手掛けるようになりました．この美満津商店が中心となり，1921 年には東京運動具製造販売業組合が結成されるに至ります．

(3) スポーツ大会の主催による普及拡大

　1906 年に水野利八は弟の利三とともに野球ボールなどを販売する「水野兄弟商会」を大阪で創業しました．これが現在のミズノにあたります．1910 年に水野兄弟商会は「美津濃商店」と改名し，スポーツ用

品を製造，販売するかたわらで，1911 年から大阪実業野球大会，1913
年から関西学生連合野球大会を主催するようになりました．ちなみに，
この大阪実業野球大会は現在の都市対抗野球大会，関西学生連合野球大
会は現在の全国高等学校野球選手権大会（夏の甲子園）へと継承されてい
きます．

　大会を主催する事例は美津濃商店だけではありませんでした．特に大
阪を中心とした関西地域で多く，例えば大阪の梶本運動用品店は，美津
濃商店と並び長きにわたり野球大会を開催したり，京都の美賀登運動具
店は，自店が製造，販売する野球ボールを使用して野球大会を開催した
りもしていました．スポーツ用品製造販売業者は大会を開催することで
スポーツの普及に貢献し，それをスポーツ用品の製造，販売へとつなげ
ていったのです．

（4）製造業，卸売業，小売業の三層構造

　スポーツ用品製造販売業が発達し，スポーツ用品を取り扱う小売店が
全国各地に拡がっていくと製造業者と小売店を仲介する卸売業者が登場
してきます．1948 年に卸売業の全国的な業界団体である日本運動具卸
商業会が結成されると，これ以降，スポーツ用品産業は製造業，卸売
業，小売業の三層構造により成長していきます．

　なお，戦争の影響により，製造に不可欠な金属，ゴム，皮革，繊維など
の物資が不足し軍需優先に分配されたことでスポーツ用品産業は大打撃
を受けました．しかし，戦後になると三層構造を確立させ，1964 年の
東京オリンピックを契機とした日本国民のスポーツ熱の高まりによる需
要増加もあり，スポーツ用品産業は本格的に発展することになります．

❷ スポーツ用品の産業クラスター形成 ──────────→

（1）大阪と紡績産業

大阪を中心とした関西地域では，現在，アシックス（神戸市），ミズノ（大阪市），デサント（大阪市）を代表として，スポーツ用品の産業クラスターが形成されています．

明治期以降，大阪は紡績産業が発達し，イギリスの工業都市になぞらえて「東洋のマンチェスター」と呼ばれていました．木綿などの栽培が盛んであったことから，近代紡績を採用した大阪紡績（現在の東洋紡）が1882年に創業したのを始めとして，天満紡績，摂津紡績など多くの紡績会社が大阪に設立されました．この紡績産業を土台としてスポーツ用品産業が関西地域で拡がっていったのです．

紡績産業が盛んであった大阪府八尾市では，現在でも鐘屋産業（創業1906年），寺西喜商店（創業1919年）などが，網やハンモックなどの製造技術を応用して，テニス，バドミントン，バレーボール，サッカーなどのスポーツ用ネットを製造しています．また，アシックスの流れをくむ寺西源三商店（創業1948年）も八尾市でスポーツ用ネット，スポーツウェアなどの製造を始めました．

（2）奈良県磯城郡三宅町と野球グローブ

奈良県磯城郡三宅町は，野球グローブの製造が盛んです．

三宅町での野球グローブの製造は，1921年に皮革関連の技術を持っていた坂下徳治郎らによって，美津濃商店から野球グローブ用の革の裁断を依頼されたのをきっかけに始められました．戦後になると三宅町では，野球が日本の国民的スポーツとして発展していく中で戦前から技術を修得していた職人が次々と独立したことで，野球グローブの製造が盛

んに行われるようになります．1970 年には 587 万個が海外輸出され，1972 年には三宅町を中心に奈良県で国内生産量の 90 ％を占めるほど野球グローブの製造が拡がっていったのです．

その後，韓国や台湾，フィリピンなどのアジア生産品との競争に直面し，多くの工場が閉鎖を余儀なくされましたが，現在では，伝統を守りつつも新しい技術やオーダーメイドの需要に応える形で，三宅町で職人たちが高品質な野球グローブを作り続けています．

❸ スポーツ用品の進化と記録 ⟶

スポーツ用品産業は，素材を製造・加工する技術を高めたり，新しい素材を開発したりすることでスポーツ用品のさらなる進化を試み続けています．これまでにスポーツ用品の進化は，スポーツにおける記録更新や技術向上に大きな影響を与えてきました．

陸上競技の棒高跳をみてみると，オリンピック大会の優勝記録は第 1 回大会（1896 年）では 3m30cm でしたが，第 33 回大会（2024 年）では 6m25cm と大幅に記録が上がっています．これにはポールの進化が関係しています．

初めは木製だったポールは，20 世紀に入ると竹製へと移行しました．竹製ポールは木製よりも軽くて折れにくく，記録も 4m 台にまで伸びます．良質な竹の産地であったことから日本の竹製ポールが主流となりましたが，1940 年代には戦争の影響により日本から竹を入手できなくなると，金属製のポールが作られるようになります．しかし，金属製ポールでは記録が大きく伸びることはありませんでした．1960 年代にグラスファイバー（ガラス繊維）製ポールが登場すると，記録が急激に伸びていきました．軽量かつ頑丈でしなやかなグラスファイバー製ポールによ

表 3-1　スポーツ産業史関連年表

年	トピック
B.C.776-393	ギリシャにおいて古代オリンピックが開催
1760 年頃～	産業革命をきっかけにイギリスで近代スポーツが形成される
1869 年	アメリカで最初の野球のプロチーム「シンシナティ・レッドストッキングス」が結成
1876 年	アメリカで現在の MLB の 1 つである「ナショナル・リーグ」が誕生 アメリカでスポーツ用品を製造する SPALDING 社が創業
1882 年	伊藤卓夫がスポーツ用品を製造販売する「美満津商店」を創業 大阪紡績（現在の東洋紡）が創業し，多くの紡績会社が大阪に設立される
1888 年	イギリスでサッカーのプロリーグ「フットボール・リーグ」が発足
1895 年	イギリスでラグビーのプロ禁止に対抗して北部ユニオン（後にラグビー・リーグ）が結成され，アマチュア遵守のラグビー・ユニオンとプロ容認のラグビー・リーグに分裂
1896 年	第 1 回オリンピック大会がギリシャのアテネで開催
1901 年	アメリカでナショナル・リーグに加えて「アメリカン・リーグ」が始まり，現在の MLB の 2 リーグ制が完成
1906 年	水野利八がミズノ株式会社の前身となる「水野兄弟商会」を創業
1911 年	美津濃商店が大阪実業野球大会を開催（現在の都市対抗野球大会へと継承）
1913 年	美津濃商店が関西学生連合野球大会を開催（現在の全国高等学校野球選手権大会（夏の甲子園）へと継承）
1921 年	東京運動具製造販売業組合の結成 奈良県磯城郡三宅町で坂下徳治郎らによって野球グローブの生産が開始
1924 年	阪神甲子園球場の完成
1936 年	日本職業野球連盟が読売新聞社社長の正力松太郎の呼びかけにより結成
1948 年	卸売業の全国的な業界団体である日本運動具卸商業会が結成
1964 年	東京オリンピックの開催
1965 年	日本サッカーリーグ結成（企業チームによるアマチュアリーグ）
1972 年	札幌オリンピックでカール・シュランツ選手がスキーブランドの広告塔となり，ブランデージ IOC 会長により永久追放
1984 年	ロサンゼルスオリンピックで収入増大を「商業化」により成功
1993 年	日本プロサッカーリーグ（J リーグ）が開始

り，記録は 6m 台へと駆け上がっていったのです．

　近年では，イギリスの Speedo 社が開発した水着「レーザーレーサー」により競泳の世界記録が続出したり，アメリカの Nike 社が開発した厚底シューズ「アルファフライ」によりマラソンや箱根駅伝などで劇的に記録が更新されたりしています．

参考文献

新井博編（2019）『スポーツの歴史と文化』道和書院．

石坂友司（2018）『現代オリンピックの発展と危機 1940-2020——二度目の東京が目指すもの——』人文書院．

内海和雄（2004）『プロ・スポーツ論——スポーツ文化の開拓者——』創文企画．

菊幸一（1993）『「近代プロ・スポーツ」の歴史社会学——日本プロ野球の成立を中心に——』不昧堂出版．

北川和徳（2021）「記録や技の進化は用具とともに」（https://www.ssf.or.jp/knowledge/history/olympic_legacy/37.html，2024 年 9 月 12 日閲覧）．

黒岩康博（2018）「地域の野球を護るもの——京阪の運動具店と中央運動社——」，白川哲夫・谷川穣編『「甲子園」の眺め方——歴史としての高校野球——』小さ子社：91-106．

笹川スポーツ財団編（2016）『企業スポーツの現在と展望』創文企画．

志賀仁郎（2008）「連載：世界のアルペンレーサー【50】キリーとシュランツ　世界の頂点に並び立った英雄」（http://shiga-zin.com/rensai/shigazin50.html，2024 年 10 月 18 日閲覧）

中嶋健（2014）「20 世紀初頭の『美満津商店』商品カタログに見る日本のスポーツ用品産業」『体育史研究』31：65-70．

中嶋健・大熊廣明・中村哲夫（1993）「19 世紀末における日本のスポーツ産業——体育・スポーツ雑誌広告の分析から——」『スポーツ産業学研究』3(2)：27-36．

中村哲夫・庄司節子・大熊廣明・真田久・中嶋健・寶學淳郎・木村吉次（2008）「わが国戦後復興期におけるスポーツ用品卸業組合の役割とその活動」『スポーツ産業学研究』18(1)：1-15．

中村敏雄・髙橋健夫・寒川恒夫・友添秀則編（2015）『21 世紀スポーツ大事典』大修館書店．

日本体育協会監修（1987）『最新スポーツ大事典』大修館書店．

水野利昭（2014）「日本のスポーツと歩んだミズノの 100 年——水野利八の創業と経営理念——」『体育史研究』31：71-76．

三宅町教育委員会編（1975）『三宅町史』三宅町役場．

第 4 章

スポーツ用具・用品産業の概要

スポーツをするには，まずスポーツ用具・用品（以下，「スポーツ用品」と記します）が必要です．「スポーツで使われる製品を製造し，販売する」ことはスポーツ産業の中核的業態の１つです．本章では，スポーツ用品産業を理解するために，市場の概況から企業の活動まで，網羅的に解説します．

01　スポーツ用品産業の構造

　スポーツ用品は，製造業，卸売業，小売業という３つの段階を経て，消費者の手に渡ります．スポーツ用品製造業ではスポーツ用品が作り出されます．代表的な企業としてミズノ，デサント，アシックスが挙げられます．自社製品を開発・製造する企業だけでなく，OEM（Original Equipment Manufacturer）として，他社から仕事を受託してその企業のブランドの製品を製造する企業もあります．

　スポーツ用品卸売業は，製造業者から商品を仕入れ，小売業者に販売する業態です．代表的な企業として，ゼット，エスエスケイが挙げられます．卸売業者は市場の動向に敏感で，流行や季節性に合わせた商品の供給を円滑に行うため，迅速かつ効率的な物流管理が求められます．

　小売業は，消費者に直接商品を提供する業態です．実店舗（スポーツ用品店やアウトドアショップ）やオンラインストアを通じて商品が販売されます．小売業には，専業スポーツ用品チェーンから小規模な専門店まで幅広い種類があります．代表的な企業として，ゼビオグループ，アルペングループ，ヒマラヤ，有賀園ゴルフが挙げられます．消費者とじかに

接するので，豊富な商品知識や接客スキルが求められます．

　以上のように，スポーツ用品は，製造業によって生み出され，卸売業によって流通され，小売業によって消費者に届けられます．

⊣02　　　スポーツ用品市場の概況

　日本国内のスポーツ用品全体の市場規模は，2022 年に 1 兆 6529 億円と見込まれ，2023 年には前年比 4.9% の成長が予測されています（矢野経済研究所，2023）．

　新型コロナウイルス感染症の感染拡大期には，人の移動が制限され，数多くのスポーツイベントや競技会が中止・延期されました．図 4-1 の通り，スポーツ用品の国内市場はコロナ禍前の 2019 年と比べて 2020 年は 10.3% 縮小しました．しかし，コロナ禍にあっても市場が拡大したカテゴリーもありました．2019 年から 2022 年にかけて拡大したカテゴリーと増加額は，「ゴルフ」が 434 億円，「アウトドア」が 343 億円，「釣り」が 341 億円，「サイクルスポーツ」が 66 億円でした（矢野経済研究所，2023）．いずれも 3 密（密閉・密集・密接）を避けられるスポーツです．2022 年に国内市場は 2019 年を上回る水準に達しましたが，この 4 カテゴリーが全体をけん引した結果であって，他のカテゴリーは回復途上にあります．スポーツ用品産業には，どのような環境の変化に対しても柔軟に対応することが求められます．

　今後の長期的な傾向としては，少子化に伴う若年層のスポーツ人口の減少は避けられないものの，健康維持活動・余暇スポーツに取り組むアクティブシニア人口の増加可能性に加え，堅調なインバウンド市場を背

景に訪日外国人を対象とする「体験型のスポーツ活動」の拡大も期待され，全体としてみればスポーツ用品市場の成長が予測されています．

　次に，スポーツ用品をグローバルに展開している主な企業の事業規模

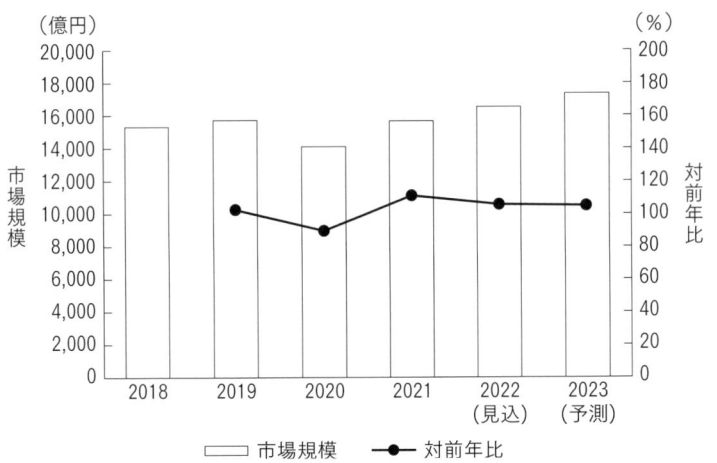

図 4-1　スポーツ用品国内出荷市場規模の推移

出典：矢野経済研究所（2023）．

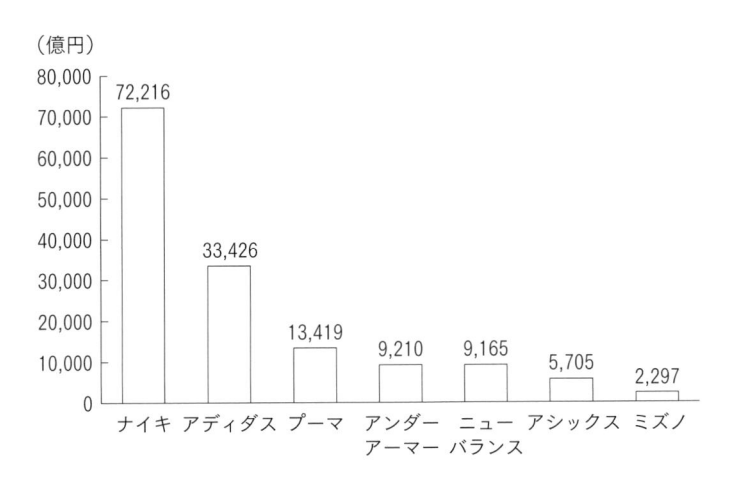

図 4-2　主なスポーツ用品企業の売上比較（2023 年）

出典：各社公表の財務資料より作成．

を比較してみましょう．**図4-2**が示すように，ナイキ（アメリカ）とアディダス（ドイツ）の2社が他社を大きく引き離していることがわかります．

　各国の株式市場に上場している企業は，決められた財務情報を開示する義務があるため，毎年の業績は公開データとして入手できます．スポーツ用品は「フットウエア（靴）」「ウエア（衣服）」「用具」の3分類ごとに，売上および営業利益に加え，地域別の業績の推移の原因なども記されていて，世界各地での販売状況を四半期（3ヵ月）毎に確認することが可能です．

┤03　スポーツ用品の機能的価値と情緒的価値

❶ スポーツ用品の機能的価値 ────────→

　速く走る，ボールを遠くへ飛ばす，衝撃から身体を守るなど，スポーツ用品が使用される目的は多様です．そして，スポーツ用品では，使用目的に応じて，要求される「耐久性」「機能性」「安全性」が異なります．例えば，0.01秒を競う短距離走のためのシューズとフルマラソンのためのシューズでは，まったく異なる機能が求められます．アスリートの競技水準がレクリエーション・スポーツなのかエリート・スポーツであるのかによっても，スポーツ用品に求められる性能は大きく異なります．スポーツ用品に求められる要求は厳しく多彩なのです．

　より優れたスポーツ用品を次々と作り出すためには，「製造技術」「素材開発」などのテクノロジーの継続的進展は欠かせません．テクノロ

ジーに加え，長年の経験で培われた匠の技（クラフトマンシップ）という「ノウハウ」も重要な役割を担います．企業努力の結晶が高性能スポーツ用品の機能的価値であり，これら独自の技術・素材・ノウハウは特許などの「知的財産」として，法的に守ることができます．

スポーツ用品の開発過程で生み出された技術・素材・ノウハウは，日常生活用品づくりに転用されることもあります．例えば，登山用具として開発された強力な防水性素材は，一般のシューズやジャケットにも使用されています．

❷ スポーツ用品の情緒的価値 ──────────────→

スポーツ用品でまず目に入るのは，それを製造した企業のブランドロゴです．どの企業の製品なのか一目でわかります．また，独特のデザインやカラー，パターンなどで，特定のチームや国などを想起させる製品もあります．

消費者がどのスポーツ用品を購入しようか選択する場面では，当人の好きな「ブランドロゴ」や「チームカラー」「デザインパターン」などが判断基準となることが多々あるはずです．機能的価値が類似する商品が並んでいるときに，好きなアスリートが着用するブランドロゴが付いたウエアが選ばれたり，「○○選手モデル」というタイプのシューズや野球グラブが購入されることもあるでしょう．スポーツ用品が消費者に選ばれるためには，優れた機能的価値があることは当然のこととして，それに劣らず，あるいはそれ以上に，愛着や憧れといった感情を喚起する情緒的価値が重要になります．

ブランドロゴなども「知的財産」として法律によって保護されます．商標として登録できれば，ブランドロゴはその企業の財産となりますの

で，無許可でそのブランドロゴ（商標）を使用することは犯罪となります．商標を売買することが可能ですし，使用許諾契約を結んで商標使用の対価（ブランド使用料）を得ることも可能です．例えば，海外のブランドと使用料の支払い契約を交わして国内で販売する，というビジネスも多くみられます．

04 スポーツ用品企業のマーケティング

　前節でスポーツ用品の価値には「機能的価値」と「情緒的価値」があることを説明しました．スポーツ用品企業のマーケティングは両方の価値を高める活動だと考えると，理解しやすいのではないでしょうか．スポーツ用品企業には，機能的価値である商品の技術的優位性（技術革新，新素材，安全性向上）を消費者に訴求するだけでなく，情緒的価値を高める活動に取り組むことも求められます．

　第2節でグローバル規模での主なスポーツ企業の売上高を見ましたが，皆さん一人一人の中にそれぞれの企業あるいはブランドのイメージが既に形成されているのではないでしょうか．各社固有のロゴマークやシューズデザインの認知，シューズやウエアを着用している選手やチームとブランドとの結びつきは，ブランドの価値向上に影響を及ぼしています．

　そのようなスポーツ・ブランドの価値は，ここで述べた「機能的価値」と「情緒的価値」が相互に影響を与えています．これらの活動はプロモーション活動と言われ，具体策として以下が挙げられます．

- スポーツイベント・競技大会のサプライヤーやスポンサーとなる
- プロチームのサプライヤーやスポンサーとなる
- トップ・アスリートにエンドーサーになってもらう

　注目度と好感度が高いイベントやチームあるいはアスリートと契約できれば，契約相手が広告宣伝媒体となって，スポーツ用品企業と製品が伝播されることになります．認知度が高ければ，宣伝効果も高まり，それゆえ契約金額も高騰します．資金力があり大規模な投資が可能な企業は，世界の舞台で多くの活動ができることになります．

　これらの活動のためには，豊富な資金力だけでなく，トップ・アスリートの要求に応えられるような，最新技術による商品開発力，商品を迅速に製造し調整するクラフトマンシップ，これらを可能にする組織体制も必要となります．

　スポーツ用品企業には，普及度が高くないスポーツを振興したり，認知度が高くないチームやアスリートを支援する活動も求められてきました．このような活動も，スポーツ用品企業の評判を高め，情緒的価値の向上につながります．

　消費者に意識されている・されていないにかかわらず，以上の取り組みが消費者の商品選択に影響を及ぼしていることは理解できるのではないでしょうか．

05 スポーツ用品企業の販売構成と製造に関して

　スポーツ用品のマーケティングを考える際にはスポーツ用品特有の販売構成を理解すると分かりやすいと思います．

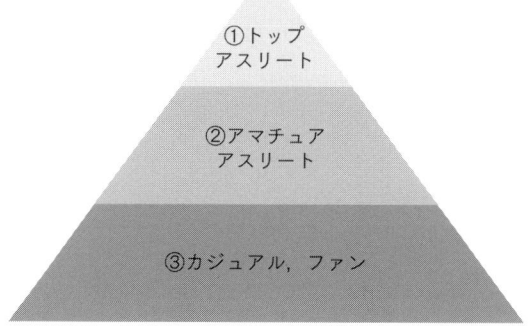

図 4-3　スポーツ用品の販売構成の概念図

　図 4-3 の販売構成の概念図を見てください．①はプロ選手やオリンピック選手などのトップアスリート向けの高機能・高品質の製品群です．機能・品質の高いものは価格も高く，販売量は全体から見ると小さいことが分かります．

　②はトップアスリート以外のアマチュアアスリート向けの製品群です．多くの学生アスリートが購入するのもこのカテゴリーの製品です．①と比べれば機能・品質は劣りますが，一定水準の機能・品質は備えているので，それ相応の価格が設定されています．

　販売量が最も大きいのが③の製品群です．軽い運動や趣味としてのスポーツ用の製品や，日常生活での普段着として着用されるカジュアルな製品，あるいは観戦応援用のレプリカウエアなどがこのカテゴリーに含まれます．高い品質は求められず，価格は低く抑えられていますが，ボリュームが大きいので，ビジネスとしては重要です．

　トップアスリート向けの製品を日本代表チームや有名選手が使用してブランド価値が向上すれば，ピラミッドの下部のボリュームゾーンの製品の販売増加につながることになります．

ピラミッドの②③の製品は製造コストを抑えて利益を確保するために大量生産する必要があります．現在は多くのスポーツ用品企業は自社で工場を持たないために，②③の製品の製造を外部工場へ委託しています．例えば，世界最大のシューズ製造工場を有する台湾のパオ・チェン・グループ（Pou Chen Group: 寶成國際集團）では，ナイキ，アディダス，アシックス，ニューバランスなどのグローバルブランドのシューズが生産されています．工場は中国，ベトナム，インドネシアなど製造コストや品質を考えて設立されています．グローバル企業各社のシューズが，同一企業の東南アジアを中心とした工場で生産され，世界各地で販売されている１つの実例です．

┤06　スポーツ用品産業の SDGs 活動

　社会的責任問題や環境問題に対して，スポーツ用品産業の取り組みは他産業より進んでいると言われています．その背景には，1990 年代後半以降に直面してきた国際的なサプライチェーンでの労働問題がありました．

❶ 社会的責任問題（労働問題）への取り組みの歴史 ⟶

　スポーツ用品産業は労働集約型産業（業務の大部分を人間の労働力に頼っており，生産量を増やそうとすると労働者数が増えるような産業）なので，多くの企業は生産拠点を人件費の安い発展途上国に置いてきました．その中には「過酷な労働条件」や「児童労働」などの問題を抱える地域も含ま

れていました.

1996 年にパキスタンのサッカーボール縫製工場での児童労働が発覚しました. ワールドカップ・フランス大会の開幕を控え, 国際サッカー連盟 (Fédération Internationale de Football Association: FIFA) が国際児童基金 (United Nations International Children's Fund: UNICEF) と「児童労働に加担しない, さらに児童労働で生産されたサッカーボールは使用しない」という声明を出しました. その後, パキスタンのボール生産環境は改善されました.

1997 年, ナイキが製造依頼していた東南アジアの工場で, 児童労働や劣悪な環境での長時間労働などが発覚しました. アメリカの大学生グループがその問題を告発し, 世界的な不買運動が起こり, 売上と株価の減少を招きました. その対策として, 下請工場へ新たな雇用条件を提案し, 下請工場の管理基準を強化し, 他社との共同出資により途上国で労働問題に取り組む NGO を創設しました. その結果, 業績は回復し, 悪評を払拭することができました.

2004 年のアテネオリンピックに合わせて実施された国際 NGO による「Play Fair at the Olympic キャンペーン」で, アシックスとミズノを含む複数のスポーツ用品企業がサプライチェーンの労働問題の改善を迫られました. 世界スポーツ用品工業連盟 (World Federation of the Sporting Goods Industry: WFSGI) が国際労働機関 (International Labor Organization: ILO) と協力して NGO との対話の場が設けられました. その結果,「取引工場での適正な労務管理」と「適正納期, 適正価格実現のための協議」が実現しました.「供給者原則 (行動規範)」「CSR 宣言書」などの労働条件に関する取り決めを発注者と製造者で作成し, 継続的な監査による現場管理の仕組みも 2010 年までに確立されました.

❷ 環境問題への取り組み ───────────────→

　スポーツ用品産業において環境への配慮は極めて重要です．「エネルギー消費量の削減」「原材料使用量の削減」「リサイクル素材の使用」「製品の回収と再利用」「製品の耐久性向上」「環境に配慮した製造過程」「カーボンニュートラルの取り組み」など，生産，流通，販売，回収のすべての事業活動において多面的な視点から検討が行われています．

　スポーツ用品企業は，2000年頃から，環境問題への取り組み状況を公開しています．以下，最大手2社，ナイキとアディダスの事例を紹介します．

　ナイキは，「MOVE TO ZERO」と銘打って，二酸化炭素排出ゼロと廃棄物ゼロを目指す活動に取り組んでいます．炭素，廃棄物，水，科学に焦点を当て，2025年までに達成すべき目標が設定されています．具体的には，環境に配慮した素材を原材料の50%まで使用して温室効果ガスを50万トン削減する，サプライチェーンからの廃棄物を100%転用して80%以上を商品に再利用する，染色工程で使用する水量を25%削減する，という目標です．これらの活動の進捗状況は公開されています．

　環境問題に積極的に取り組むナイキの姿勢を体現するのが「ナイキ・フォワード（Nike Forward）」です．この革新的な生地は，独自の製造プロセスでリサイクル繊維などの環境に配慮した素材から作り出されています．従来のニットフリース素材と比較して，製造時の二酸化炭素排出量は平均で75%削減されています．また，消費者教育・啓発活動として，シューズを長持ちさせる方法をウェブサイト上で公開しています．

　アディダスは海洋環境保護団体「パーレイ・フォー・ジ・オーシャンズ（Parley for the Oceans）」と組んで，海洋プラスチック汚染問題に取り

組んでいます．これまでに，海洋廃棄プラスチックをアップサイクルして生まれた素材「パーレイ・オーシャン・プラスチック（Parley Ocean Plastic)」を使用したスニーカーやアパレル製品を数多く製造・販売しています．

　また，アディダスは世界 75 カ所のオフィスでペットボトルなどプラスチック製ボトルの使用を禁止しています．この画期的な取り組みは日本でも実施されています．

　その他のスポーツ用品企業もそれぞれの SDGs 活動に関する目標と実績を公表しています．それはステイクホルダーへの活動報告でもあります．興味を持った企業の公表資料を自分の目で確かめてください．

参考文献

矢野経済研究所（2023）『2023 年版スポーツ産業白書』．

Adidas「アディダスの取り組み」(https://shop.adidas.jp/sustainability/our-journey/, 2023 年 8 月 3 日閲覧)．

Nike「Move to zero」(https://www.nike.com/jp/sustainability, 2023 年 8 月 3 日閲覧)．

パオ・チェン・グループ HP（https://www.pouchen.com/index.php/en/)．

第 5 章

スポーツ施設産業の概要

スポーツは3つの「間」，すなわち「時間」「空間」「仲間」から成るといわれています．スポーツを楽しむための空間は多様で，山，海，川といった自然環境，公道や公園のような生活圏内の環境，そして，球技場や体育館といったスポーツ施設が挙げられます．これらのうち，本章ではスポーツ施設について解説します．

01　スポーツ施設の整備状況

　スポーツ施設の整備について，スポーツ基本法第12条では，「国及び地方公共団体は，国民が身近にスポーツに親しむことができるようにするとともに，競技水準の向上を図ることができるよう，スポーツ施設（スポーツの設備を含む．以下同じ）の整備，利用者の需要に応じたスポーツ施設の運用の改善，スポーツ施設への指導者等の配置その他の必要な施策を講ずるよう努めなければならない」「スポーツ施設を整備するに当たっては，当該スポーツ施設の利用の実態等に応じて，安全の確保を図るとともに，障害者等の利便性の向上を図るよう努めるものとする」と規定されています．

　スポーツ施設の整備状況については，「社会教育調査」（文部科学省）で確認することができます．同調査によれば，2021年10月1日現在，国内には公共スポーツ施設が4万5658カ所，民間スポーツ施設が2万9821カ所整備されています（同調査では公共スポーツ施設を「社会体育施設」，民間スポーツ施設を「民間体育施設」と表記しています）．全国には市区町

村が 1741 あるので，単純計算では，一市区町村あたりのスポーツ施設の数は公共施設 26.2 カ所，民間施設 17.3 カ所となります.「社会教育調査」では公民館や図書館なども調査対象に含まれます. 調査対象施設の数を比べてみると，最多が公共スポーツ施設，次が民間スポーツ施設，3 番目が公民館（1 万 3798 カ所）となっています. スポーツ施設は施設種類ごとの数なので，例えば 1 つの建物に体育館とプールが整備されていれば 2 カ所となりますが，それでもスポーツ施設の多さがよくわかります（図 5-1）.

　設置数が多い公共スポーツ施設は「多目的運動広場」「体育館」「野球場・ソフトボール場」「庭球場（屋外）」「トレーニング場」，民間スポーツ施設は「トレーニング場」「水泳プール（屋内）」「ゴルフ場」「ゴルフ練習場」「ダンス場」です（表 5-1）. これらはほんの一部にすぎませんが，公共施設と民間施設ではすみ分けがされている様子がうかがえます.

　公共スポーツ施設の数は，戦後，増加の一途をたどりますが，1999 年以降ほぼ横ばい状態となり，2015 年からは減少傾向がみられます（図 5-2）. 日本の総人口は 2008 年の 1 億 2808 万人をピークに減少局面にあり，また，地方公共団体の財政もひっ迫しています. 公共スポーツ施

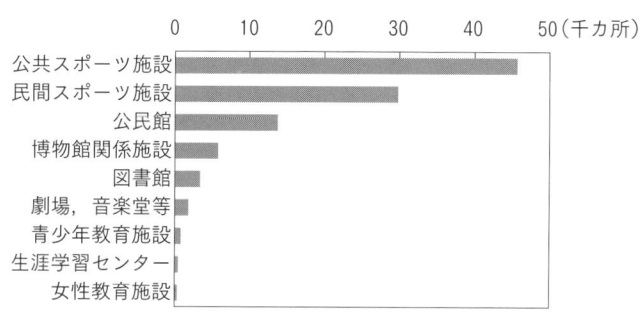

図 5-1　種類別社会教育施設数（2021 年）

注：「社会教育調査」では，公共スポーツ施設は「社会体育施設」，民間スポーツ施設は「民間体育施設」と表記されている.
出典：「社会教育調査」（文部科学省，2023）をもとに作成.

表 5-1　設置数の多いスポーツ施設（上位 5 種類，2021 年）

公共スポーツ施設	施設数	民間スポーツ施設	施設数
多目的運動広場	7,711	トレーニング場	6,427
体育館	7,145	水泳プール（屋内）	3,143
野球場・ソフトボール場	6,150	ゴルフ場	2,957
庭球場（屋外）	4,588	ゴルフ練習場	2,324
トレーニング場	1,801	ダンス場	1,595

注：「社会教育調査」では，公共スポーツ施設は「社会体育施設」，民間スポーツ施設は「民間体育施設」と表記されている．
出典：「社会教育調査」（文部科学省，2023）をもとに作成．

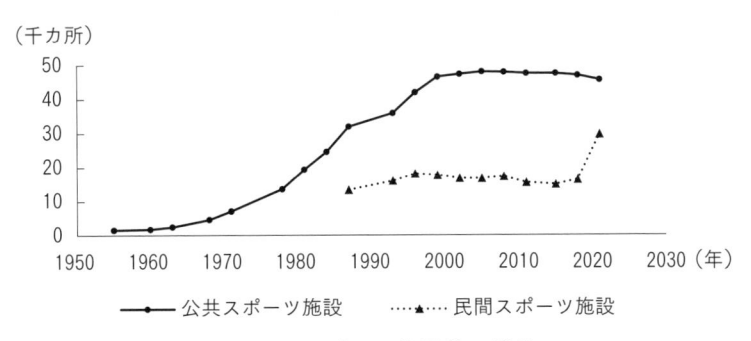

図 5-2　スポーツ施設数の推移

注：「社会教育調査」では，公共スポーツ施設は「社会体育施設」，民間スポーツ施設は「民間体育施設」と記されている．
出典：「社会教育調査」（文部科学省）をもとに作成．

設の数を維持するのが難しいことは容易に想像できます．

　民間スポーツ施設の数は 1987 年から確認できますが，ほぼ横ばい状態が続いたのち，2021 年に急増しました（**図5-2**）．増加数の多かった施設は，トレーニング場（4863 カ所増），水泳プール（屋内）（1783 カ所増），ゴルフ練習場（1103 カ所増），空手・合気道場（1075 カ所増）でした．

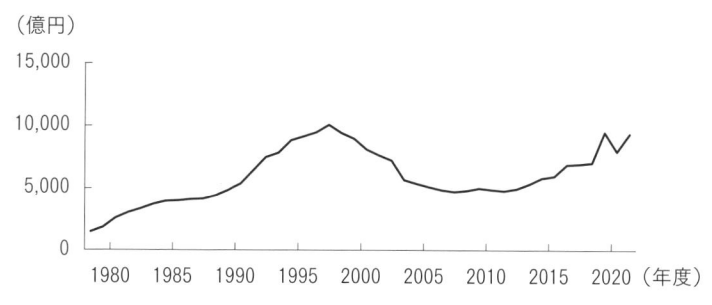

図 5-3　地方公共団体の体育施設費等の推移

出典：「地方財政統計年報」（総務省，1978–2021）をもとに作成.

┼ 02　スポーツ施設に関連する地方財政状況

　前節で確認したとおり，公共スポーツ施設の数は 1999 年まで増加の一途をたどっており（図 5-2），これに呼応するように，地方公共団体（都道府県，市町村，特別区等）の体育施設費等も増加していて，1997 年度に 1 兆 84 億円でピークを迎え（図 5-3），1999 年以降に公共スポーツ施設数が横ばい状態になると（図 5-2），体育施設費等は減少に転じますが，2012 年度から再び増加に転じています（図 5-3）．近年，施設の老朽化に伴う財政負担の重みが増していることが推察されます．

┼ 03　公共スポーツ施設の管理運営

　公共サービスを提供するにあたり，民間事業者等が十分なサービス提供能力をもつのであれば，民間のノウハウを活用することで多様化する

住民の要求に対応でき，かつ経費削減等を図ることもできるとされています．国や地方公共団体の財政がひっ迫していることを背景に，官業の民営化という潮流に沿って，公共スポーツ施設の管理運営の民営化も進んでいます．

❶ 指定管理者制度 ⟶

　指定管理者制度は，地方自治法に基づき，公の施設の管理を法人その他の団体へ委託できる制度です．2003年に法改正されるまで委託先は公共団体や公共的団体，外郭団体，第三セクターに限られていましたが，現在は株式会社やNPO法人にも門戸が開かれています．指定管理者は議会の議決を経て指定されます．指定管理者には施設の利用許可を与える権限が付与され，利用料金を自らの収入として収受することもできますが，利用料金についてあらかじめ地方公共団体の承認が必要となります．導入事例として，ZOZOマリンスタジアム（千葉マリンスタジアム），Mazda Zoom-Zoomスタジアム広島（広島市民球場），カシマサッカースタジアムが挙げられ，それぞれ千葉ロッテマリーンズ，広島東洋カープ，鹿島アントラーズが指定管理者に指定されています．

　指定管理者制度には課題もあります．指定管理者の努力により経費削減や収益増加という成果が得られると，地方公共団体から指定管理者に支払われる翌年度の指定管理料の削減につながることがあり，指定管理者の創意工夫の意欲が削がれることが指摘されています．また，条例により利用料金が低く設定されていると，指定管理者の創意工夫の余地が乏しいことも指摘されています．さらに，法的な制限はないものの，指定期間は5年程度に設定されることが多いため，指定管理者による設備投資を誘発するような環境が整っていないことも課題として挙げられ

ます．指定管理者は軽微な修繕は実施するものの，施設の魅力を高め陳腐化を防ぐための設備投資までは実施しません．指定期間内に投資を回収するのは難しいですし，収益の一部を還元して投資に回す制度にもなっていないのです．

❷ 設置管理許可制度 ———————————————→

　設置管理許可制度は，都市公園法に基づき，都市公園内の施設の設置・管理を公園管理者以外の者に許可するものです．一般的には，売店や飲食店，遊具，花壇等の設置・管理を委ねる場合に適用されます．スポーツ施設の事例として楽天モバイルパーク宮城（宮城球場）が挙げられ，東北楽天ゴールデンイーグルスに収益事業を含む権限が与えられています．

　指定管理者制度では施設の管理のみが対象となりますが，設置管理許可制度では管理に加えて設置も対象となります．また，指定管理者制度と異なり，設置管理許可制度では管理者の指定に議会の議決は必要とされません．なお，設置管理許可制度は都市公園法を根拠とするので，都市公園内の施設に限定して適用可能となります．

❸ Private Finance Initiative（PFI）———————————→

　Private Finance Initiative（PFI）は，民間資金等の活用による公共施設等の整備等の促進に関する法律（PFI法）に基づき，資金調達を含め，施設の設計，施工から管理運営に至るまで一括して民間事業者に発注する手法です．指定管理者制度や設置管理許可制度では管理運営の対象が既存のスポーツ施設であるのに対し，PFIでは管理運営を見据えたス

ポーツ施設の整備が可能となります．法的な制限はありませんが，事業期間は 20 年以上の長期に設定されるのが一般的です．

　PFI は，PFI 事業者の事業収益構造によって 3 つに分類されます．国または地方公共団体から支払われるサービス購入費により回収するサービス購入型，PFI 事業が提供する公共サービスの利用者から支払われる利用料金により回収する独立採算型，国または地方公共団体からの支払いとサービス利用者からの支払いにより回収する混合型，以上の 3 つです．

　PFI は，対象施設の所有形態によって 4 つに分類されます．BTO 方式，BOT 方式，BOO 方式，コンセッション方式の 4 つです．1 つめの BTO 方式とは，PFI 事業者が施設を設計・建設し（Build），施設の所有権を国または地方公共団体に移転し（Transfer），PFI 事業者が施設を管理運営する（Operate）方式です．2 つめの BOT 方式とは，PFI 事業者が施設を設計・建設し（Build），施設の所有権を保有したまま管理運営し（Operate），事業終了後に国または地方公共団体に施設所有権を移転する（Transfer）方式です．柔軟な施設管理が可能で，PFI の典型的な事業方式といえます．3 つめの BOO 方式とは，PFI 事業者が施設を設計・建設し（Build），施設の所有権を保有したまま（Own），管理運営する（Operate）方式です．事業終了後は，単独で事業を継続するか，施設を撤去して事業を終了することになります．4 つめのコンセッション方式とは，利用料金を徴収する公共施設のみが対象で，事業期間を通じて施設の所有権を国または地方公共団体が保有したまま，施設の運営権を民間事業者に設定する方式です．PFI 法に基づき運営権は物権とみなされ，不動産と同じように抵当権の設定が可能となるので，PFI 事業者は金融機関から融資を引き出すことが可能となります．また，事業者は利用料金を収受することができます．施設の使用許可の権限は付与されて

いませんが，指定管理者制度を二重適用することで，それも可能となります．コンセッション方式の事例として有明アリーナが挙げられ，広告代理店の電通を代表企業とするコンソーシアムが運営権を獲得しています．

❹ 負担付寄附 ────────────────────────────→

　負担付寄附とは，地方公共団体が寄附を受ける際に一定の条件が付せられ，その条件に基づく義務が履行されない場合は解除されるものをいいます．長期の指定管理契約を条件として民間資金で整備したスポーツ施設を地方公共団体に寄附する手法が挙げられます．施設を寄附することで民間事業者は固定資産税を支払う必要はなくなります．事例としてパナソニックスタジアム吹田（吹田サッカースタジアム）が挙げられます．関西経済連合会や日本サッカー協会，Ｊリーグの協力のもとガンバ大阪によってスタジアム建設募金団体が設立され，個人と法人から募った寄付金と助成金（スポーツ振興くじ助成等）でスタジアムが建設され，完成後に吹田市へ寄附されました．寄附後はガンバ大阪が指定管理者に指定されています．

　なお，パナソニックスタジアムの収容数は4万人，総工費は140億8567万円だったので，1席あたりに換算すると35万円となります．新国立競技場の収容数は6万8000人，総工費は1590億円だったので，1席あたり234万円となります．パナソニックスタジアムは単価が安いだけでなく，スポーツ施設としての品質も優れています．民間のノウハウを十分に活用することの重要性を示す事例といえます．

　定期賃貸借契約とは，地方公共団体と民間事業者との間で施設の貸付に関する定期建物賃貸借契約を締結し，民間事業者は施設使用料を支払い，施設利用料収入や自主事業収入を得て，施設の維持管理費等を賄う手法です．地方公共団体の立場からすると，施設の維持管理費の負担がなくなり賃貸収入を得ることになるので，施設がコストセンターからプロフィットセンターへ転換することを意味します．稀な事例ではありますが，おおきに舞洲アリーナ（舞洲アリーナ）で採用されています．同アリーナは大阪エヴェッサのホームアリーナで，貸付事業者はヒューマンプランニング（大阪エヴェッサの運営会社）です．

⊣04 民間スポーツ施設の市況

　民間スポーツ施設の市況は，すべて網羅されているわけではありませんが，『レジャー白書』（日本生産性本部）で確認することができます．最も市場規模が大きいのがゴルフ場（9390 億円）で，これにフィットネスクラブ（4900 億円），スイミングプール（1330 億円），ゴルフ練習場（1230億円）が続きます（2023 年，図 5-4）．ゴルフ場の市場規模の大きさが目を引きます．

　『レジャー白書』では 1982 年からデータを確認することができます．ゴルフ場の市場規模の変遷は図 5-5 のようになります．ゴルフ場市場は 1980 年代を通じて成長し，バブル経済崩壊後は縮小に転じ，近年になってようやく下げ止まりの兆候がみえて踊り場状態になり，コロナ禍

で急減し，現在は回復途上にあります．同じような市場の動きはゴルフ練習場，ボウリング場，スキー場，アイススケート場でも見られます．スイミングプール市場は2000年頃まで緩やかな成長基調にあり，その後は縮小に転じ，現在は下げ止まって踊り場状態にあります．

　市場の動きのパターンがゴルフ場等と異なるのはテニスクラブ・スクールとフィットネスクラブです．テニスクラブ・スクール市場は200億円規模の振れ幅で増加と減少が繰り返されています．フィットネスクラブ市場は概ね継続して成長しています（図5-6）．

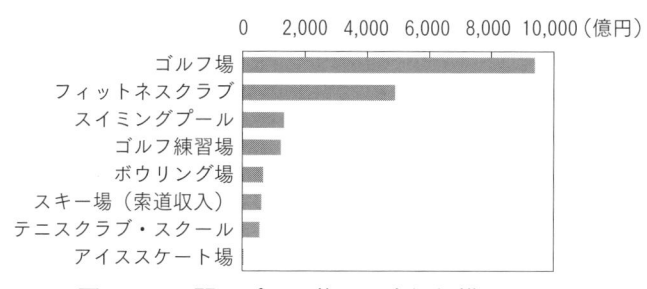

図 5-4　民間スポーツ施設の市場規模（2023 年）
出典：『レジャー白書』（日本生産性本部，2024）をもとに作成．

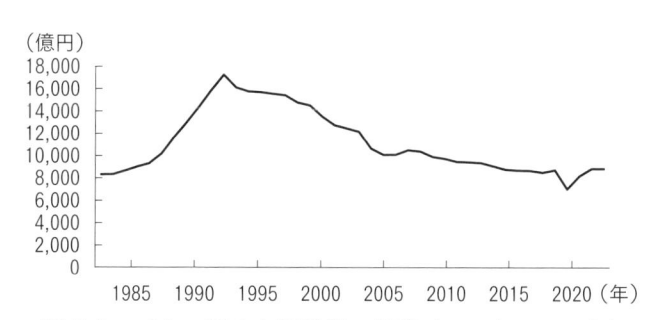

図 5-5　ゴルフ場の市場規模の推移（1982 年〜 2023 年）
注：GDP デフレータ（内閣府「国民経済計算」）で補正（2015 年基準）．
出典：『レジャー白書』（余暇開発センター，1996-2000；自由時間デザイン協会，2001-2002；社会経済生産性本部，2003-2011；日本生産性本部，2012-2024）をもとに作成．

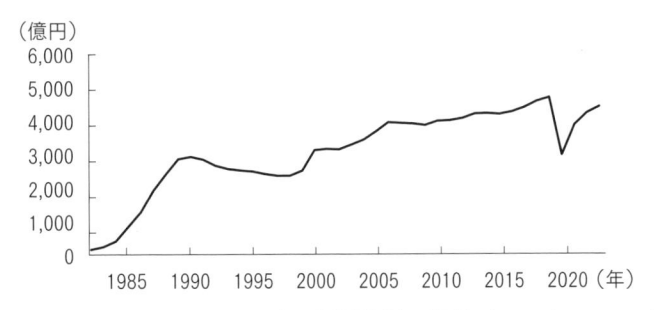

図 5-6　フィットネスクラブの市場規模の推移（1982 年〜 2023 年）

注：GDP デフレータ（内閣府「国民経済計算」）で補正（2015 年基準）.
出典：『レジャー白書』（余暇開発センター，1996-2000；自由時間デザイン協会，2001-2002; 社会
　　　経済生産性本部，2003-2011；日本生産性本部，2012-2024）をもとに作成.

　民間スポーツ施設は，公共スポーツ施設とは異なり，採算がとれなければ市場から撤退することになります．ある程度の新陳代謝は避けられないとしても，固定観念に縛られず，新しいアイデアに積極的に取り組むことも必要です．例えば，これまでスキー場は冬季限定の季節産業でしたが，キャンプやマウンテンリゾートという夏季の需要掘り起こしで再生した事例も見られます．少子高齢化と人口減少の進行が止まることはありませんが，これからの社会に適合した民間スポーツ施設のあり方を継続して模索することが求められます．

05　スポーツ施設のストック適正化

　図 5-2 が示すとおり，国内の公共スポーツ施設は 1970 年代から 1990 年代を通して増え続けました．このことは，今後は老朽化した施設が増えることを示唆しています．老朽化した施設の増加だけでなく，

ひっ迫した財政，少子高齢・人口減少社会という状況を踏まえ，スポーツ庁は「スポーツ施設のストック適正化ガイドライン」により，地方公共団体による持続的なスポーツ施設の提供に関する指針を示しています（初版：2018 年，改訂版：2019 年）．

　スポーツは多種多様であることからスポーツ施設の種別も多様です．しかし，このガイドラインでは，人口を基準に全国一律に施設数等を定めるのではなく，地域の実情に合わせて整備する必要性がうたわれています．また，一定規模以上の競技大会を開催できる規模の施設については，整備費・維持管理費が高くなる傾向にあり，地域住民が日頃の運動のために利用するには過剰な施設となる可能性があることから，近隣地方公共団体との共有化も視野に入れた最適な投資を行うよう言及されています．施設の老朽化や利用状況といったスポーツの観点とは別に，多くの公共スポーツ施設は災害時に避難所，避難場所，防災拠点等として使用することとなっていることから，更衣室やトイレ等の機能面も含め，防災上の位置づけを踏まえた検討の必要性も指摘されています．

　上記に加え，ガイドラインでは学校施設の活用についても言及されています．「体育・スポーツ施設現況調査」（スポーツ庁）によれば，2021 年 10 月 1 日現在，国内の学校体育・スポーツ施設（小学校，中学校，高

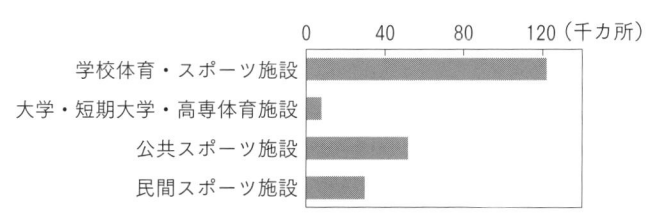

図 5-7　体育・スポーツ施設数（2021 年）

注：学校体育・スポーツ施設は，小学校，中学校，義務教育学校，高等学校，中等教育学校，特別支援学校の学校教育活動のために設置されている体育施設及び専修学校，各種学校が生徒用に設置するスポーツ施設を指す．
出典：「体育・スポーツ施設現況調査」（スポーツ庁，2023）をもとに作成．

等学校等の施設）は 12 万 1901 カ所あり，公共スポーツ施設の 2.4 倍に及びます．スポーツ基本法第 13 条，学校教育法第 137 条，社会教育法第 44 条にうたわれた学校施設の利用に関する規定を踏まえると，地域住民の利用のために学校施設を積極的に開放することが望ましいといえます．同調査では，学校体育・スポーツ施設のうち屋外運動場の開放率は 70.1 ％，体育館の開放率は 76.1 ％であることが報告されています．

　ガイドラインでは，地域の資産として大規模スポーツ施設の大会後の有効活用も言及されています．大規模スポーツ施設がホワイト・エレファント（無用の長物）とならないよう警鐘を鳴らしているともいえます．対策として，大会時には一部を仮設整備にて対応するなどの弾力的な運用が挙げられていますが，もっと大胆な事例もあります．

　1996 年夏季オリンピック・パラリンピックの開催地はアメリカ合衆国ジョージア州アトランタでした．オリンピックに備えて中心市街地にスタジアムが新設され，開会式，閉会式，陸上競技で使用されました．オリンピック・スタジアムは MLB アトランタ・ブレーブス（Atlanta Braves）の当時の本拠地フルトン・カウンティ・スタジアム（Fulton County Stadium）の駐車場に建設されましたが，大会閉幕直後に大規模改修工事が行われ，オリンピック・スタジアムはブレーブスの新しい本拠地ターナー・フィールド（Turner Field）に生まれ変わりました．老朽化が進んでいたフルトン・カウンティ・スタジアムは取り壊され，跡地は駐車場となりました．ブレーブスはターナーフィールドで 19 年間プレーしたのち，2017 年にアトランタ郊外のサントラスト・パーク（Sun-Trust Park；現 Trust Park）へ移転しました．ブレーブス移転後にターナー・フィールドには大規模改修工事が施され，今度はアメリカンフットボール専用球技場となり，ジョージア州立大学の本拠地として使用されることになりました．

06 スタジアム・アリーナ改革

国民体育大会（現・国民スポーツ大会）の開催を契機に，どの都道府県にも大規模な競技大会の開催能力を有する施設が整備されました．こうした施設の多くは，広い敷地が必要なことから中心市街地から離れた郊外に立地し，スポーツを「する」場であることを重視した単機能型体育施設でした．アクセスに難があるうえにスポーツ興行に適しているわけでもなく，スポーツ以外での活用も難しいため，維持管理費の負担と大会後の利活用という課題を抱える施設は少なくありませんでした．

2016年，国内総生産600兆円の実現を目指して政府が掲げた成長戦略である「日本再興戦略2016」で，「スポーツの成長産業化」が盛り込まれました．プロやエリート・アマチュアの試合には数千人，数万人の人々が集まります．スポーツには多くの人を惹きつける力がありますが，先に述べたとおり，集客施設として使用されるのはスポーツ興行に適さない単機能型体育施設です．「モノ消費からコト消費へ」という経済価値の転換という視点，地域内外から集客することによる地域活性化という視点にも立ち，体育施設（コストセンター）を魅力的で収益性を有するスタジアム・アリーナ（プロフィットセンター）へと転換することが，成長産業化の核として位置づけられました．

スポーツを「みる」場として施設の魅力を高めることが重要ですが，スポーツだけで施設の稼働率を高めるには限界があります．そこで，スタジアム・アリーナ改革を推進するうえで注目されるのが「スマート・ベニュー（smart venue）」という概念です．スマート・ベニューは「周辺のエリアマネジメントを含む，複合的な機能を組み合わせたサステナブ

ルな交流施設」と定義される概念で，「従来の郊外立地で単機能のスポーツ施設を，まちなかに立地し公共施設や商業施設などの複合的な機能を組み合わせたスタジアム・アリーナとすることで，施設の事業継続性と周辺地域への外部効果を発揮し，将来世代に負担を残さない施設」を意味しています（スマート・ベニュー研究会・株式会社日本政策投資銀行地域企画部，2013）．

　スマート・ベニュー実現の動きはすでに始まっています．例えば，「北海道ボールパークFビレッジ」（北海道北広島市，2023年3月開業）は北海道日本ハムファイターズの本拠地であるエスコンフィールドHOKKAIDOを中核とするまちづくりプロジェクトで，北海道日本ハムファイターズ，日本ハム，民間都市開発推進機構，電通の4社による合弁会社であるファイターズ　スポーツ＆エンターテイメントによって進められています．「長崎スタジアムシティ」（長崎市，2024年10月開業）はV・ファーレン長崎の本拠地であるPEACE STADIUM Connected by SoftBankと長崎ヴェルカの本拠地であるHAPPINESS ARENAを中核とする地域創生事業で，事業主はジャパネットホールディングスです．他にも，京急川崎駅隣接エリアで開発が進む複合エンターテインメント施設「川崎新！アリーナシティ・プロジェクト」（川崎市，2028年10月開業予定）は，川崎ブレイブサンダースの本拠地を中核とするプロジェクトで，DeNAと京浜急行電鉄によって推進されています．いずれの事例も，単機能型体育施設から飛躍的に進化しており，まちづくり（不動産ビジネス）といえます．スマート・ベニューだけがスタジアム・アリーナ改革の解決策というわけではありません．重要なのは，スポーツ施設に対する固定観念や前例主義に捕らわれないことだといえます．

参考文献

川崎新！アリーナシティ・プロジェクト（https://kawasaki-arena-city.dena.com/，2024 年 8 月 26 日閲覧）.

黒田隆明（2015）「吹田サッカースタジアム——公共施設の新しいつくり方——」新・公民連携最前線（https://project.nikkeibp.co.jp/atclppp/15/434167/120900012/?P=1，2024 年 8 月 26 日閲覧）.

首相官邸（2016）「日本再興戦略 2016——第 4 次産業革命に向けて——」.

スポーツ庁（2019）「スポーツ施設のストック適正化ガイドライン」.

スポーツ庁（2023）「体育・スポーツ施設現況調査」.

スポーツ庁・経済産業省（2018）「スタジアム・アリーナ運営・管理計画検討ガイドライン」.

スマート・ベニュー研究会・株式会社日本政策投資銀行地域企画部（2013）「スポーツを核とした街づくりを担う「スマート・ベニュー」——地域の交流空間としての多機能複合型施設——」.

総務省（1978-2021）「地方財政統計年報」.

内閣府「国民経済計算」2022 年度国民経済計算（2015 年基準・2008SNA）（https://www.esri.cao.go.jp/jp/sna/data/data_list/kakuhou/files/2022/tables/2022fcm1dn_jp.xlsx，2024 年 8 月 26 日閲覧）.

内閣府「国民経済計算」2015 年（平成 27 年）基準支出側 GDP 系列簡易遡及（https://www.esri.cao.go.jp/jp/sna/data/data_list/h27_retroactive/tables/def-cy_2780.csv，2024 年 8月26日閲覧）.

内閣府民間資金等活用事業推進室（PPP/PFI 推進室）「Q11 PFI の事業方式と事業類型」（https://www8.cao.go.jp/pfi/pfi_jouhou/tebiki/kiso/kiso11_01.html，2024年8月26日閲覧）.

長崎スタジアムシティ（https://www.nagasakistadiumcity.com/，2024 年 8 月 26 日閲覧）.

日本生産性本部（2018）『レジャー白書 2018』.

日本生産性本部（2023）『レジャー白書 2023』.

北海道ボールパーク F ヴィレッジ（https://www.hkdballpark.com/，2024 年 8 月 26 日閲覧）.

文部科学省（2023）「社会教育調査」.

余暇開発センター（1996）『レジャー白書 '96』.

第 6 章

スポーツ興行における
権利ビジネス

プロ野球やＪリーグのようなプロスポーツでは，集客して試合を観せることで興行が成り立ちますが，収入は入場料収入に限られるわけではありません．例えば，Ｊリーグが公開しているリーグとクラブの経営情報に目を向けると，入場料収入に加えて，公衆送信権収入，協賛金収入（またはスポンサー収入），商品化権収入という項目を確認することができます．こうした収入は権利を活用したビジネスを展開することによって生み出されています．それでは，スポーツ興行を取り巻く権利ビジネスの機序（しくみ）をひもといていきましょう．

01 主催権と施設管理権

　試合の主催者（例えば競技団体）は，試合の実施・運営の責任を負い，ルールメーカーとして興行に関わる権益を差配します．主催者は絶大なる権力を手にしていますが，みずからの名義で試合を開催できれば誰でも主催者になれます．では，この権力の源はどこにあるのかといえば，規約（あるいはこれに相当するもの）にあります．選手やコーチ，審判員，運営スタッフといった参加者が規約に従うことで，その効力が発揮されます．もちろんルールメーカーだからといって好き勝手できるわけではありません．反社会的あるいは公序良俗に反するルールはそもそも認められませんし，関係者が合意できないようなルールには誰も従わないので，試合興行が成り立たなくなります．

　例えばＪリーグの場合，公式試合は日本サッカー協会（JFA；サッカー

の国内統括団体）とJリーグが主催し，Jリーグが主管し，さらにJリーグはホームゲームを実施するJクラブに主管を移譲すると定められています（Jリーグ規約第44条）．主管とは「自己の責任と費用負担において試合を実施・運営すること」を意味します．この事例から，費用負担を含めた試合興行の実施・運営責任を主催者以外の者に移譲可能であることがわかります．

　試合興行を滞りなく遂行するには，試合を開催する施設を主催者の管理下に置く必要があります．みずからの管理下で試合興行のために施設を利用できる権利を施設管理権と称することにします．主催者が施設を所有しない場合，施設管理権は施設所有者または管理責任者との契約に基づき確保する必要があります．先に記した通り，主催権の根拠は規約にあるので，規約の制約を受けない第三者には主催権の効力が及ばないことになります．これでは試合興行に支障を来しかねません．ここで重要な役割を担うのが施設管理権です．施設管理権を根拠に施設への入退場を管理する，つまり，規約に従うことを条件に試合興行への関与を許諾することで，主催権に実効性を持たせることになります．

02 入場券

　入場券は，施設内で試合観戦するために入場料を支払ったことを証明する証票ですが，主催者が定める約束事への同意により試合観戦を保証する契約書でもあります．実務では，観戦希望者は不特定多数なので，試合観戦時の禁止事項や入場拒否・退場措置について定めた約款を作成し，入場券の購入をもって同意したとみなされます．改めて言及するま

でもありませんが，約款の条項は公序良俗に反しないことが前提となります．例えば，花火・爆竹・発煙筒・ガスホーンの持ち込みが禁止されているのであれば，これらを持ち込もうとする者の入場を拒否し，あるいは隠し持って入場した者を退場させることができます．施設管理権があることによって違反者に対する措置に効力を持たせることが可能となります．なお，試合が開催されなかった場合には債務不履行となるので，主催者には入場料の払い戻しが求められます．

→|03　　　　　　　　　　　　　商標権

チームマーク等を使用したアパレルや応援グッズはそのチームの収入源になります．チームの人気が高ければ，その顧客吸引力にあやかりマーク等を使用した商品の製造・販売を望む事業者が現れるかもしれません．マーク等を使用して商品を製造・販売する権利を商品化権といいます．商品化権を許諾する契約（商品化権許諾契約）では，対象商品，最低限数量，契約期間，販売地域，使用料，最低保証料，品質管理等が取り決められます．使用料は小売価格の数パーセント程度（Jリーグの商品化事業では 5%）に設定されることが一般的です．粗悪品が出回りブランドイメージが棄損されることを防ぐため，商品サンプルによる事前確認・承認を義務づけるのも一般的です．

商品化権許諾契約に基づく商品（ライセンス商品）が販売される場所は施設管理権が及ぶ施設内に限られるわけではありません．したがって，施設管理権が及ばない場所でマーク等を使用した商品が無許可で製造・販売されることがないよう，マーク等が法律で保護される必要がありま

す．商品化権の後ろ盾となるのが商標法です．商標とは，事業者が取り扱う自己の商品・サービスを他の商品・サービスと区別するために使用する標章のことです．マーク等が商標として特許庁に登録されると，権利者はその登録商標を独占的に使用でき，また，権利侵害者に対して侵害行為停止や損害賠償を請求することができます．登録期間は 10 年ですが，更新可能なので半永久的に商標を守ることができます．

マーク等を商標として登録するにはいくつかの条件があります．公共機関の標章あるいは登録済の商標と紛らわしいマーク等の登録は認められません．一般名詞として使用されるようなありきたりな名称の登録も認められません．他の商品・サービスと区別するために使用するので，登録商標にはオリジナリティが求められます．J クラブの愛称に造語が多い背景には，こうした商標登録上の理由があります．商標登録できなかったために，J リーグ加盟前に愛称を変更したクラブもあります．

商標登録審査は先願主義，つまり早い者勝ちで行われるので，未登録のマーク等であっても，モタモタしていると先に出願されてしまうかもしれません．2003 年にセントラル・リーグで優勝したのは阪神タイガースでしたが，ペナントレース只中に千葉県の男性が「阪神優勝」を商標登録していることが発覚し，ちょっとした騒ぎになりました．当人は阪神電気鉄道や球団とは何ら関係を持たない人物でした．当人と球団との商標譲渡交渉は決裂し，球団による特許庁への申し立てが認められて「阪神優勝」の商標登録が無効になるという結末を迎えました．先願主義の怖さを思い知らされた事件です．

商標登録では，商品やサービス（商標法では役務といいます）の区分を指定する必要もあります．商品で 34 区分，サービスで 11 区分あります．例えば，商標をあしらった T シャツを製造・販売するのであれば，第 25 類（洋服や靴等のアパレル商品）を指定して商標登録することになりま

す．登録料は区分ごとに納めます．

ところで，登録区分の第41類（教育，スポーツ・文化・娯楽サービス等）には「スポーツの興行の企画・運営又は開催」や「技芸・スポーツ又は知識の教授」が含まれます．試合興行やスポーツ教室は，スポーツビジネスの根幹に関わる事業です．このことからも，商標法は，商品化権の範ちゅうを超えて権利ビジネス全般にかかわる重要な法律であることがわかります．

規模が小さいスポーツチームにとって，商標登録にかかる労力や費用の負担は決して小さくありません．商品化権ビジネスからの収入は微々たるものだから（通常は販売価格の数パーセント程度です），地域の人たちにマーク等を自由に使ってもらうことで少しでも露出が増えたほうが得策だと考えるチームもあるでしょう．もっともらしく聞こえますが，このロジックには重要なリスクが潜んでいます．先に紹介した「阪神優勝」事件を思い出してください．チームとは関係のない第三者がチームのマークを第41類で商標登録したとしましょう．すると，このチームは意図せず権利者たる第三者の商標権を侵害することになります．試合興行やスポーツ教室の停止を請求されるリスクを負うことになるのです．第三者による権利侵害行為を取り締まることをオフェンスとすれば，第三者による差止請求を防ぐことはディフェンスに当たります．見逃されがちですが，商標権ビジネスの要諦はディフェンスにもあるのです．

→｜04　　　　　　　　　　　　　　肖像権

プロになれる選手はほんの一握りで，プロで成功する選手はさらにそ

の一部に過ぎません．だからこそ，プロで活躍する選手は多くの人にとって尊敬や憧れの対象となり，彼ら彼女らの肖像が顧客吸引力を有することにつながります．肖像とは人物の顔や容姿を意味しています．まれですが，顔や容姿以外のものが肖像の範囲に含まれることもあります．例えば，オリックス・ブルーウェーブ（現オリックス・バファローズ）や MLB シアトル・マリナーズ（Seattle Mariners）で活躍したイチロー選手は野球史に名を刻むような卓越した競技成績を残していますが，そのバッティングフォームは独特で，シルエットだけからイチロー選手を認識できるのは野球ファンに限らず広く一般大衆にも及ぶと考えて差し支えないでしょう．イチロー選手のように著しく知名度の高い選手であれば，選手を特定できるものとしてシルエットや背番号も肖像の範囲に含まれるということもありえます．

　肖像権は判例で確立されたもので，3 つの権利から構成されると考えられます．すなわち，意思に反して撮影されることを拒絶する権利，撮影された肖像が公表されることを拒絶する権利，そして肖像が営利目的で利用されることを拒絶する権利です．1 つめ（撮影拒否権）と 2 つめ（公表拒否権）はプライバシー保護を目的とした権利（プライバシー権）であるのに対し，3 つめ（営利利用拒否権）は財産保護を目的とした権利（パブリシティ権）といえます．プライバシー権は万人に与えられた権利ですが，パブリシティ権は肖像が有する顧客吸引力に基づくので，著名人にのみ与えられた権利といえます．権利ビジネスの文脈での肖像権は，ほとんどの場合，パブリシティ権を指しています．

　パブリシティ権は選手個人の財産ですが，肖像権ビジネスの機序は，選手の諾否だけに委ねられる単純なものではありません．ここで J リーグを取り上げて，肖像に関するルールがどのようなものが確認してみましょう．

Ｊリーグの選手契約には統一様式の「日本サッカー協会選手契約書」（統一契約書）が用いられますが，選手肖像の使用についての取り決めは第8条に記されています．このなかで，選手肖像を使用した商品を製造・販売する権利（許諾権含む）はクラブが有し，選手個人単独の肖像の使用料の分配はクラブと選手が協議して定めるとあります．例えば，試合中の写真等クラブユニフォーム着用時の肖像を使用した商品が想定されます．クラブグッズとして選手の写真を使用した商品の企画・製造・販売をクラブが行い，写真の確認を選手が行い，商品には商標と選手肖像が使用されているので商品化権料の分配をクラブと選手で協議する，ということになります．

　第8条では，選手はクラブ・Ｊリーグ・JFA の広告宣伝・広報・プロモーション活動に原則として無償で協力しなければならないとも記されています．クラブ等による告知活動の目的は観戦者や視聴者を増やすことなので，これに協力することは選手の利益にもつながり，妥当な条項であるといえます．さらに第8条では，選手は報道・放送での肖像使用に対して権利を有しないと記されています．プロ選手は人に観てもらって成り立つ職業であり，報道・放送されるのも業務のうちといえます．

　以上はクラブの一員としての選手の活動に関連する肖像使用の取り決めとなりますが，第8条では選手個人単独の肖像使用についても規定されています．選手による番組・イベント出演，肖像使用の許諾，取材への応諾，第三者の広告宣伝等への関与にはクラブの承諾が必要であると記されています．肖像使用を幅広く捉えてはいますが，テニスやゴルフのような個人競技ではないので，個人単独であってもプロ選手としての活動であれば，クラブの承諾を得ることは，クラブが合理的理由なく拒否しないことを前提にクラブが把握するという意味において，妥当といえます．

図6-1　選手の肖像を使用した商品の例

　統一契約書ではクラブは選手肖像の商品化権を許諾権も含めて有する
と記されていると先に記しました．その許諾先の1つであるJリーグで
は，規約第127条にてJリーグは選手肖像を包括的に用いる場合に限り
無償で使用でき，また，第三者に許諾することができると定められてい
ます．もちろん，特定選手の肖像を使用する場合には都度承認を得るも
のとするとも記されています．ここで包括肖像という新しい概念が登場
します．包括的とは，特定の選手個人単独に焦点が当たらない状態を意
味しています．特定選手が目立つことなく複数選手の肖像を同時に同等
に使用するのが包括肖像使用に当たります．

　包括肖像を使用した商品例としてゲームソフトが挙げられます．全登
録選手が揃わなければ価値が目減りしてしまう，文字通り包括肖像を使
用した商品といえます．トレーディングカードも包括肖像を使用した商
品例に挙げられます．カードは，各クラブから同数の選手が選ばれて製
造され，1パック複数枚入りで販売されます．封入されるカードは無作
為に抽出されるため，購入者は開封するまでどのカード（どの選手）な
のかわかりません．カード1枚には選手1人の写真が使用されますが，
特定選手を指定して購入することができないので，包括肖像扱いとなり

ます.

　包括肖像であっても，それが商業的に使用されるのであれば，選手への利益還元は当然に行われます．ただし，包括肖像の場合は選手が特定できないことになるので，全選手へ均等分配できるよう還元するのが妥当かつ合理的だと考えられます.

　こうしたしくみは，全選手が同意しないと成り立ちません．それゆえ，選手契約には統一仕様の契約書が用いられ，契約期間と契約金額以外は変更を認めないことが必要となります.

　ここまでJリーグを事例としてパブリシティ権に関わるビジネスのしくみを説明してきましたが，プライバシー権もビジネスと無縁ではありません．スポーツチームが主催イベントの様子を撮影してウェブサイトやSNSへ静止画を掲載するとしましょう．ほとんどの場合，被写体となった人は嬉しく思い，友人へ自慢するかもしれません．ファン心理とはそういうものです．しかし，ごくわずかかもしれませんが，自分の姿がネット上で晒されたと感じる人もいるかもしれません．心理的負担を負わされた人からすれば，プライバシー権を侵害されたことになります．撮影前に本人の確認を取るなど，プライバシーへの配慮は怠らないようにするべきでしょう.

⊬05　　　　　　　　　　スポンサーシップ

　スポンサーシップとは，競技団体等が企業等に対してベネフィット（便益）を提供し，その対価として資金あるいは物品・サービスの提供を受けるしくみを指します．ベネフィットは多種多様ですが，主だったも

のを挙げれば，広告等を掲出する権利，競技団体の名称・マーク等を広告宣伝等に使用する権利，競技施設内の貴賓席への招待や駐車場の提供などホスピタリティに関連する権利となります．ユニフォームやウェブサイトに広告を掲示するのであれば，契約当事者間での合意だけに基づくベネフィットとなりますが，競技施設内に広告看板を掲出する，施設内でサンプリングを実施する，顧客をもてなすため特別観戦室を利用する，あるいは景品として入場券を使用するのであれば，施設管理権に基づくベネフィットとなります．販売促進目的で競技団体のマークを使用したノベルティを製造・頒布するのであれば，商標権に基づくベネフィットとなります．

　スポンサー企業が提供するのは現金に限りません．現金に代わり物品やサービスが提供されることもあります．前者の例として自動車メーカーによって提供される自動車，後者の例として通信企業によって提供される通信サービスが挙げられます．提供される物品を Value in kind（VIK），提供されるサービスを Value in service（VIS）といいます．

　スポンサーシップ契約では，提供するベネフィットにも依りますが，カテゴリーは重要な要件となります．契約カテゴリーにおいての独占排他権を設定することで契約金額を引き上げることができますし，企業は手にした権利を使用して競合他社に対する競争優位を築くことができます．ビジネスが現在ほど複雑でなかった時代には業種単位で企業と契約することができました．しかし，業種の特定が難しい企業や複数業種にまたがって事業展開する企業も珍しくない現在では，交渉によりカテゴリーを設定することになります．なお，どのようなカテゴリーでも希望者がいれば契約するかといえば，自粛するカテゴリーもあり，例えば，政治や宗教，タバコ，風俗営業関連，公営競技は慎重な対応が求められます．

企業は，あらゆる方法を用いて客に訴えかけ，商品（モノやサービス等）を買ってもらうことを目指します．その方法の1つがスポーツ・スポンサーシップであり，企業にとって，スポンサーシップは投資活動であって慈善活動ではありません．競技団体はこのことをしっかり認識する必要があります．また，企業はスポンサーシップ契約によって獲得するのは権利であり，その権利を有効活用するには別途投資が必要であることを認識する必要があります．ニールセンスポーツジャパン（2020：7）の調査によれば，協賛金とアクティベーション費用（権利活用費用）の比率は，グローバル平均が10：22であるのに対し，国内平均は10：4です．競技団体，企業ともに発展の余地は十分に残されているようです．

　スポーツ・スポンサーシップをCSR（Corporate social responsibility：企業の社会的責任）活動の一環と捉える企業もあります．この場合，競技団体等のミッションやビジョンへの賛同に基づく経済的支援と捉えられるので，スポンサーシップというよりはパトロネージ（patronage）の位置づけに近いかもしれません．

06 アンブッシュ・マーケティング

　スポンサーではない者が実施する便乗広告宣伝活動をアンブッシュ・マーケティングといいます．アンブッシュ（ambush：待ち伏せ）という言葉が暗示するように，主催者の知的財産を不当に使用する，スポンサーであると誤解を招くあるいは大会名称等を使用せず試合や大会を想起させるような広告宣伝活動を指しています．アンブッシュ・マーケティングはスポンサー価値を棄損する行為ですが，それを取り締まるのは容易

ではありません．商標が不正使用されたのであれば法的措置をとることができますが，試合や大会等を想起させるような広告宣伝に対しては規制の根拠は明確ではなく，当事者に理解を求めて説得するほかありません．アンブッシュ・マーケティングは当事者の信頼を損ねる行為でもあるので，経済界に広く理解を求める広報活動が地味ながらもっとも効果的な対策といえるかもしれません．

⇥|07 エンドースメント

　選手個人が企業等と取り交わす契約をエンドースメント契約（endorsement）といいます．エンドースメントとは商品等の推奨を意味します．選手と契約する企業はパトロンではありません．企業が選手と契約するのは，選手の競技力・認知度・好感度に基づく顧客吸引力を使用して自社の商品やサービスの広告宣伝・販売促進活動を展開するためです．

　プロ野球の選手は球団の一員であり，Jリーグの選手はクラブの一員です．選手には所属先が指定するユニフォームやトレーニングウェア類の着用が義務付けられていますが，競技パフォーマンスに直結する用具類に対しては自由選択が認められています．したがって，エンドースメント契約がもっとも盛んなカテゴリーはスポーツ用具類となります．憧れの選手が使用するのと同じバットやグローブ，シューズを自分も使いたいと思うのがファンというものです．競技力が著しく高ければ，その選手の専用モデルが開発されることもあります．

　スポーツメーカーとの契約では，選手は広告へ出演し，販売促進イベントに参加し，氏名や肖像の使用を許諾し，その対価として物品提供や

報酬支払いを受けます（必ずしもすべての選手が金銭的支援を得られるわけではありません）．そして競合他社の用具類を使用せず競合他社に肖像使用を許諾しないといった独占排他権も契約には盛り込まれます．競合他社が革新的な用具を開発したとして，競技力向上が見込めるからという理由でその用具を使うと契約違反となります．プライベートな時間であっても競合他社の商品を使用しないモラルは持ち合わせていたいものです．

　ゴルフやテニスのような個人競技と異なり，野球やサッカーのような団体競技では，選手個人がエンドースメント契約を交わした企業と所属先のスポンサー企業が競合関係にあるという状況は十分に起こりえます．エンドースメント契約の源泉は選手の競技力・認知度・好感度ですから，引き合いが多いのはおのずと日本代表選手となりますが，ここに日本代表チームのスポンサー企業が加わると，事態はさらにややこしくなります．日本代表チームや所属先のスポンサー企業が選手個人単独の肖像を使用することはあり得ないですが，包括肖像とはいえ契約選手の肖像が競合他社に使用されるとなれば，エンドースメント契約先企業の胸中は穏やかではないでしょう．古い事例になりますが，このような摩擦の深刻さを大々的に世に知らしめたのが，1992 年夏季オリンピック・バルセロナ大会に出場した男子バスケットボールのアメリカ代表チームでした．アメリカ・プロバスケットボールリーグ National Basketball Association（NBA）のスター選手で編成された代表チームはドリームチームと呼ばれ，世界中から注目を浴びる存在でした．当時，アメリカ代表チームにユニフォーム等を提供していたのはリーボックでしたが，ドリームチームにはナイキと契約している選手がいました．ドリームチームは金メダル最有力候補でしたが，ナイキへの高い忠誠心を示す選手たちはリーボックの着用義務が課されるなら表彰台に上がらな

いと公言してはばからず，騒動になりました．前評判通りドリームチームは金メダルを獲得しますが，1人も欠けることなく全員が表彰台に上がりました．ただし，前身頃を大きく折り返したり星条旗を羽織ったりして，リーボックのマークを隠していました．

エンドースメント契約は選手肖像を使用するビジネスと位置付けられますが，日本では，プロスポーツを除き，長きにわたって選手肖像の商業利用は認められていませんでした．選手肖像は 1979 年から 2004 年まで日本オリンピック委員会（JOC）によって一括管理されており，選手肖像を広告宣伝等に利用できるのは JOC の協賛企業に限られ，協賛企業でなければ社員たる選手の肖像を自社で使用することもできませんでした．この背景にあったのがアマチュアリズムです．国際オリンピック委員会（IOC）は 1974 年にはオリンピック憲章から「アマチュア」という言葉を削除していたのですが，日本は長くアマチュアリズムに固執していました．2005 年からはシンボルアスリートという制度が導入され，選手自身によるみずからの肖像使用の道が拓かれました．シンボルアスリートとは，実力，知名度，将来性等を踏まえて JOC により選考された十数人の選手で，JOC の協賛企業による広告へ優先して出演することが求められますが，その対価として協力金と出演料が支払われ

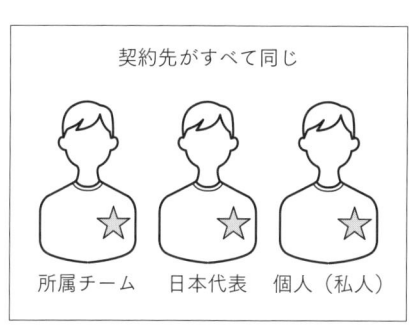 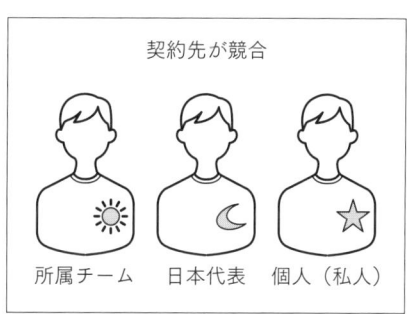

図 6-2　いろいろなエンドースメント契約

ます．また，JOC 協賛企業と重複しないカテゴリーであれば企業への広告出演も認められることになりました．

08 公衆送信権と映像 2 次使用

　テレビやインターネットを介せば，競技場の収容人数を超えて，試合観戦者数を大きく増やすことができます．競技場に足を運ぶことはできないけれど試合を観戦したい，こうした需要を取り込んでビジネスにつなげるのが公衆送信権ビジネスです．公衆送信権は耳慣れない用語かもしれませんが，テレビ放送権とインターネット配信権を含めた権利と捉えてください．

　公衆送信権は法律で定められた権利ではなく，主催者と放送・配信事業者との間の契約に由来する権利です．エージェントが契約相手となり，エージェントから放送・配信事業者へ権利が再販される場合もあります．契約では，媒体の種類（地上波，衛星波，ケーブルテレビ，インターネット等），放送・配信地域，独占排他権の有無，映像 2 次利用の取り扱い等が取り決められます．試合中継映像を制作するためには，競技施設内に中継車や伝送車の駐車スペース，実況・解説用のコメンタリーブース（実況放送室），スタッフ用の諸室を確保し，カメラやマイクを設置し，映像や音声を中継車へ伝送するケーブルを敷設する必要があります．このような設備・スペースの使用許諾は主催者によって付与されるので，公衆送信権を下支えするのは施設管理権ということになります．

　オリンピックやサッカーのワールドカップのような国際大会では，主催者が制作した映像（国際映像といいます）をベースに，各国で放送・配

信する試合中継映像が制作されています．例えば，オリンピックとパラリンピックの映像は，IOC の公式放送機関であるオリンピック放送機構（Olympic Broadcasting Services: OBS）によって制作・配信されています．ただし，国際映像はどこの国でも放送・配信できるよう中立的な作りなので，それぞれの国の視聴者により魅力的な映像を届けるために台数限定で各国独自カメラの設置も認められています．国内でも，DAZNで配信される J リーグのリーグ戦の試合中継映像は，主催者である J リーグによって全試合で制作されています．

　視聴者の立場からすれば重要なのは番組の質であり誰が映像を制作しようと関係ありませんが，権利ビジネス上は非常に重要です．試合中継映像は著作物，制作者は著作者となります．著作権法により著作物は「思想又は感情を創作的に表現したものであつて，文芸，学術，美術又は音楽の範囲に属するもの」と定義され，具体的には小説，音楽，舞踏，美術品，建築物，映画，写真等が該当し，著作者は「著作物を創作する者」と定義されています．著作物は著作者にとっての財産であり，著作者は著作物の使用を許諾して使用料を受け取ることができ，あるいは譲渡することもできます．つまり，著作権とは，著作物に対する著作者の財産権を意味しています．したがって，試合中継映像が後に 2 次使用される場合，著作者たる制作者はその対価を請求することができるわけです．

　では，試合中継映像がすべて放送事業者によって制作された場合，その放送事業者は好き勝手にその映像を 2 次使用することができるのでしょうか．著作権は法律で保護された権利ですが，映像 2 次使用権は公衆送信権契約に由来する権利です．よって，交渉次第ですが，主催者が権利を有することが前提になります．放送事業者はみずからの著作物を自由に使用できなくなりますが，映像が商業的に使用された場合，映

像2次使用料から著作権料分は著作権者に配分されることになります．映像には選手も映っているので，選手には包括肖像扱いで肖像権料が還元されることになります．単発的に開催される試合ではなく継続的に開催される試合や大会であれば，主催者が映像2次使用権を管理することで映像アーカイブスが構築され，映像2次使用ビジネスの将来的な発展も期待できることになります．

　ところで，報道番組で扱われる映像はどのような位置づけになるのでしょうか．映像2次使用権の範囲で扱われるのでしょうか．報道目的の場合，取材者に対して何らかの権料が求められることはありませんが，使用目的は報道に限定され，使用できる映像の上限（1試合3分以内等）や期限（試合終了後24時間以内等）に従うことは求められます．報道番組で映像が取り上げられれば，露出拡大につながるので，主催者のメリットになります．映像ビジネスの範ちゅうはライブとアーカイブスで，報道はプロモーションと捉えるとわかりやすいでしょう．

09 店内上映・パブリックビューイング

　競技施設に足を運ぶことはできない場合でも，スポーツバーやパブリックビューイング会場へ出向けば，多少の臨場感を味わうことができます．ファンに提供する体験の1つの形ではありますが，個人宅で家族や友人と一緒に楽しむという行為の範ちゅうを超えて不特定多数の公衆が観戦するのであれば，権利ビジネスの観点からは注意が必要です．

　例えば，個人経営の小規模飲食店にテレビが1台設置され試合中継番組が上映されているような場合，営利目的でなければ，あるいは設置

されたテレビが一般家庭用であれば，特段の対処は必要ありません（著作権法第 38 条第 3 項）．営利目的とは，入店料や観戦料を徴収する，試合中継番組の同時上映を宣伝して集客を図るといった行為が当てはまります．スポーツバーのような形態の飲食店は明らかにスポーツ観戦を目的としているので，テレビ放送や有線テレビ放送を公に伝達する権利に関する契約が必要となります．

競技施設やホールなどの大型映像装置あるいは集会所等に設置された大型スクリーンへのプロジェクター投影による同時上映するパブリックビューイングの場合には，有償・無償を問わず，契約が必要となります．著作権法では，「影像を拡大する特別の装置を用いて公に伝達する権利」は放送事業者によって専有されると定められているからです（著作権法第 100 条，第 100 条の 5）．非営利目的で無料のイベントであっても，許可なく上映することはできません．

⊁│**10** ユニバーサル・アクセス権

読者の皆さんは 2021 年 9 月から 2022 年 3 月にかけて開催されたサッカーのワールドカップアジア最終予選がどのように放送されたのか覚えているでしょうか．日本代表チームに対する国民の関心は高く，それまで試合は当たり前のように地上波で，そして無料で，放送されてきました．しかし，このアジア最終予選では，地上波で放送されたのはホームゲームのみ，アウェイゲームは（そしてホームゲームも）有料動画配信事業者によりインターネット配信されることとなりました．主催者であるアジアサッカー連盟から権利を購入したエージェントによる設定

価格が高すぎて買い手がつかず，紆余曲折を経た結果でした．

　国民の関心の高いスポーツイベントであれば，多くの放送事業者が放送権の取得に関心を示すことでしょう．放送事業者を主な収入源で分類すると，受信料の公共放送（日本放送協会），広告料の商業放送（地上波民間放送局），視聴料と広告料の有料放送（WOWOW やスカパー！）に大別できます．できるだけ高い権料収入を得たい主催者は，独占排他権を設定したうえで，事業者間の競争を促します．このとき，視聴者獲得の絶好の機会と捉えた有料放送事業者が，視聴料と広告料に先行投資分を上乗せすることで公共放送と商業放送との競争を有利に進める可能性が高くなります．有料放送事業者が権利を獲得すると，視聴料を支払う者以外はそのイベントを視聴できないことになります．

　このような状況を防ぐため，ヨーロッパでは独占放送に法的規制が課されています．最初に法制化したイギリスでは，デジタル・文化・メディア・スポーツ相が指定することで，国民的関心の高いスポーツイベントを誰もが無料で視聴できる環境が整えられています（公共放送は受信料で支えられているので，正確には追加の視聴料を支払うことなく視聴できるという意味になります）．大臣によって指定されるイベントは 2 種類あり，1 つはグループ A と呼ばれる無料ライブ放送を義務付けられたイベント群で，オリンピックやサッカーのワールドカップ等が含まれます．もう 1 つはグループ B と呼ばれる録画やダイジェスト版による無料放送を義務付けられたイベント群で（有料のライブ放送は認められる），コモンウェルスゲームズやクリケットのワールドカップ等が含まれます．このように誰もが無料でライブ放送を視聴できる権利をユニバーサル・アクセス権といいます．

　アジア最終予選は，日本でもユニバーサル・アクセス権について考えるきっかけになるのかもしれません．

11 ネーミングライツ

　ネーミングライツとは，「施設，設備等対象物に対し名称を付与することに一定の経済的価値を見出し，この名称を付与する権利」のことを意味します（市川，2009）．施設所有者もしくは施設管理者と企業等との契約に基づく権利であり，法律や条例に基づく権利ではありません．命名権と和訳されることがありますが，施設呼称権あるいは施設名称権のほうが適切といえます．新生児や新発見された事物に付ける名前・名称とは異なり，契約が失効すればその名称は使われなくなるからです．施設の呼称とは別個に，施設内の設備（ゲートやラウンジ等）に名称を付けることもあります．

　施設の建設・管理運営資金の調達手法としてネーミングライツが定着しているアメリカでは，すでに 1970 年代にはネーミングライツの事例が見られます．日本では，1997 年に西武鉄道が所有する東伏見アイスアリーナ（東京都西東京市）のネーミングライツをサントリー株式会社が取得して「サントリー東伏見アイスアリーナ」となったのが最初の事例となります．公共施設初の事例は 2003 年の「味の素スタジアム」（東京都調布市）で，東京都の第三セクターである株式会社東京スタジアムと味の素株式会社との間で契約が交わされ，以後契約は継続されています．ネーミングライツの契約期間はアメリカでは 20 ～ 30 年と長期に及ぶものが多いですが，日本では 3 ～ 5 年と短期が一般的です．

　法令に基づかない権利の場合，契約当事者以外の第三者には効力が及ばないので，第三者による権利侵害が危惧されます．ネーミングライツの場合，第三者に効力が及ばないことにより，契約に基づき付与された

呼称でその施設を呼んでもらえないリスクが危惧されます．公共施設に
ネーミングライツが導入されたと仮定してみましょう．導入前の旧呼称
には地域名が使われていたことでしょう．それに愛着を感じる住民がい
れば，新呼称に反発する意見が表明されるかもしれません．報道機関に
よる反発の可能性も否定はできません．特に広告宣伝活動の一端を担わ
されることを嫌う公共放送は企業名を避ける傾向が強く，新呼称の使用
を避ける可能性は高いです．公共交通機関がその施設の最寄駅もしくは
最寄バス停に旧呼称を併記していたとします．それを書き換えるとなる
と費用が発生しますが，書き換え義務は公共交通機関には発生しませ
ん．このように，ネーミングライツは呼称を変更すれば万事うまくいく
ようなものではなく，ステークホルダーの理解を得るために説明を尽く
す最大限の努力が求められます．

　予期せず取引企業の経営破綻や法令違反に見舞われた場合には慎重か
つ迅速な対応が求められますが，それがネーミングライツの契約先で
あった場合のダメージは計り知れません．看板を撤去するのと同じよう
に，施設呼称から企業名もしくはブランド名を外すというわけにはいき
ません．ネーミングライツ史上最悪の事件ともいえるのが，アメリカの
エンロン・フィールド（Enron Field）です．MLB ヒューストン・アスト
ロズ（Houston Astros）の本拠地として 1999 年に新設されたボールパー
クのネーミングライツを取得したのが地元ヒューストンに本社を置くエ
ネルギー卸大手のエンロン社で，30 年総額 1 億ドルという大型契約で
した．ところが，2001 年 10 月に同社の粉飾会計が発覚し，アメリカ経
済史上有数の大スキャンダルとなりました．同年 12 月に同社は経営破
綻し，シーズン開幕を控えた 2002 年 2 月，アストロズが 210 万ドルを
支払って契約解除となりました．なお，2002 年 8 月には監査を担当し
ていた会計事務所のアーサー・アンダーセンが責任を問われて解散に追

い込まれ，世界規模での会計事務所再編に及びました.

⊁12　　　　クリーンベニュー

　プロスポーツで使用される競技施設は，施設自体が媒体力を持つため，施設内に設置される広告看板やネーミングライツに経済的価値が生じます. ところが，その試合の主催者が契約する協賛企業と競合する企業の看板が設置されていたとしたら，利害が衝突することになります. こうした事態を防ぐため，主催者によってクリーンベニューという条件が課されることがあります. クリーンベニューとは，広告看板や企業やブランドのマーク等が掲出されていない状態の施設のことを指します. オリンピックやサッカーのワールドカップなど，主催者が相対的に大きな力を持つ場合，クリーンベニューであることが会場の選定条件となっています. 例えば，2011 年に日本で開催された FIFA クラブワールドカップでは，準決勝 1 試合，3 位決定戦，決勝の 3 試合が横浜国際総合競技場で開催されました. 横浜 F・マリノスのホームスタジアムである同競技場は日産自動車がネーミングライツを取得していて日産スタジアムと呼ばれています. しかし，同大会のオフィシャルプレゼンティングパートナーはトヨタ自動車であり，大会正式名称は「TOYOTA プレゼンツ FIFA クラブワールドカップジャパン 2011」でした. トヨタが協賛する大会を日産の名称が付された会場で開催できるはずがありません. こうしたコンフリクトを避けるためにクリーンベニューというしくみが導入されることがあるのです.

参考文献

市川裕子（2009）『ネーミングライツの実務』商事法務.

中村美子（1996）「スポーツ放送支配を目指す英 BSkyB——ユニバーサル・アクセス確保へ法改正——」『放送研究と調査』46(8)：42-49.

ニールセンスポーツジャパン（2020）「スポーツ・スポンサーシップ実施企業調査 2019」（https://prtimes.jp/a/?c=49751&r=6&f=d49751-6-pdf-1.pdf，2024 年 8 月 26 日閲覧）.

脇田泰子（2012）「スポーツ放送の発展とユニバーサル・アクセス権」『メディアと社会』4：15-44.

House of Commons Library（2022）"Broadcasting: listed sporting events"（https://researchbriefings.files.parliament.uk/documents/SN00802/SN00802.pdf，2024 年 8 月 26 日閲覧）.

〈参考判例・裁判記録〉

The National Basketball Association and NBA Properties, Inc. v. Motorola, Inc., Sports Team Analysis and Tracking Systems, Inc. 105 F.3d 841（1997）.

公務執行妨害，傷害被告事件（最高裁判所昭和 40（あ）1187 同 44 年 12 月 24 大法廷決定・刑集第 23 巻 12 号 1625 頁）

損害賠償請求事件（最高裁判所平成 21（受）2056 同 24 年 2 月 2 日第一小法廷判決・民集第 66 巻 2 号 89 頁）

第 7 章

スポーツの価値を測る

スポーツの価値は多様です．定量的な価値もあれば，定性的な価値もあります．価値を測る代表的な尺度に「金銭」があります．どのような価値でも金銭で測れるわけではありませんが，適切な尺度がない場合には，多少強引でも金銭価値を算出することで，スポーツの価値を見える化することができます．

　本章では，スポーツに関連する事業・イベント・活動・事象の価値を経済的側面から評価するために取り組まれている研究の概要を解説します．金銭という尺度は価値を測る最良の尺度ではありませんし，「お金ありき」という考え方はスポーツ産業学では肯定されません．このことを頭に留め置いて，本章を読み進めてください．

→|01　　　　　　　　スポーツ GDP

　スポーツ GDP は，スポーツに関連する事業の経済規模を表す指標で，株式会社日本政策投資銀行によって公表されています．GDP（Gross Domestic Product: 国内総生産）とは，「ある期間に国内で生み出された付加価値の合計」と定義され，国全体の経済規模を測る際に利用される指標になります．「付加価値」とは，経済活動によって新しく生まれた価値のことで，生産・消費・分配の 3 面から計算することができます．生産・消費・分配のどの面から計算しても同じ値になるので，これを 3 面等価の原則といいます．

　GDP の計測方法に倣ってスポーツ産業を測るにあたり最も重要なことは，「スポーツ産業とは何か」という定義を明確にすることです．

GDP 統計の中に「スポーツ産業」という産業区分はありません．スポーツシューズは製造業，スポーツ施設建設は建設業など，スポーツを取り巻く事業はさまざまな産業に横断的に存在しているので，それぞれの産業区分からスポーツ産業に当てはまるものを抽出する必要があります．その際，例えば，競技用ではなく街中で普段履くようなスニーカーをスポーツシューズとして取り扱うのか，判断が求められます．ある財（モノ）やサービスがスポーツ産業に含まれるかどうかを定義することは非常に難しく，ヨーロッパでは，スポーツ産業の共通の定義として「ヴィルニュス定義[1]」が定められています．このスポーツ産業の共通定義をもとに，スポーツサテライトアカウントが開発されています．スポーツサテライトアカウントは，スポーツ産業の経済規模を計算する勘定体系のことであり，スポーツ GDP 等の指標が計測されています．

　日本では，2011 年から 2020 年までのスポーツ GDP が計測されています．2011 年のスポーツ GDP は約 7.2 兆円で，その後右肩上がりで増加し，2019 年には 9.3 兆円となりました．2011 年のスポーツ基本法の制定，2013 年の東京 2020 オリンピック・パラリンピック競技大会招致の決定，2015 年のスポーツ庁の設置，2019 年のラグビーワールドカップ 2019 日本大会の開催など，2010 年代には国を挙げたスポーツ関連の取り組みがなされたことが理由として考えられます．しかし，2020 年には，新型コロナウイルス感染症の影響によってスポーツ GDP は 8.7 兆円，前年比 0.6 兆円のマイナス成長となりました．景気後退・停滞期や感染症拡大期などの難しいときでもスポーツ産業を後退させないあるいは悪影響を緩和させる方策は今後の課題に挙げられます．

　スポーツ GDP が日本の GDP 全体に占める割合は，2011 年が 1.45 %，2015 年が 1.56 %，2019 年が 1.67 % でした．この数値をヨーロッパ 28 カ国と比較すると，日本は 10 位前後となります．上位国の

割合は，オーストリアが 4.12 ％，ドイツが 3.90 ％，英国が 2.18 ％となっています．残念ながら日本のスポーツ産業が国内産業に与えるインパクトはまだ限定的といえます．

日本のスポーツ GDP は生産面からしか計算されていないので，消費面や分配面からの計測は今後の課題といえます．

02 経済効果

2023 年 9 月，阪神タイガースのセントラル・リーグ優勝とクライマックスシリーズ・ファイナルステージ出場権獲得を目前に控え，「阪神優勝なら関西地域の経済効果は 872 億円」というニュースが報道されました[2)]．これを試算したのは関西大学の宮本勝浩名誉教授です．

タイガース優勝の経済効果とは，優勝しなかったときと比べて，優勝したときの球団や関係企業の売上の増加分とその波及効果を推計・試算したものです．優勝したときの総売上が優勝しなかったときの総売上と同じであれば，効果はゼロとなります．

2005 年以来 18 年ぶりのリーグ優勝への期待が高まれば，そうでないときと比べて，タイガースの本拠地・阪神甲子園球場で開催されるリーグ戦の試合への来場者数は増えることが期待されます．クライマックスシリーズ・ファイナルステージへ進出できれば，甲子園球場で少なくとも 3 試合が開催されます．入場者数が増え，ホームゲーム数が増えれば，チケットや球場内飲食，ロゴマーク入りグッズ・関連商品などからの収入が増えます．ほかにも，ファンの飲食・飲酒増加の効果，阪神百貨店や地元商店街などでの優勝セールによる売上増加の効果，スポーツ

新聞や雑誌などの売上増加の効果，優勝パレードの効果なども期待されます．これらの効果は，優勝しなければ誘発されないが優勝すれば誘発される需要に伴う消費支出増加による効果で，直接効果といいます．

経済効果は直接効果にとどまりません．ある財・サービスの売上が増加すれば，その原材料や資材の売上も増加します．直接効果を創り出すのに必要な原材料などの売上増加効果を一次波及効果といいます．さらに，直接効果と一次波及効果により，関連企業の経営者，従業員，アルバイトなどの所得増加が次の消費拡大をもたらします．これを二次波及効果といいます．波及効果は産業連関表を用いた産業連関分析により算出することができます．このように経済効果は直接効果，一次波及効果，二次波及効果で構成されます．

スポーツの経済効果の課題についても触れておきます．それはデータの不備と秘匿性です．経済効果は多くのデータを基に推計されます．上場企業では公開されている数値が，スポーツ産業では公開されていないあるいは信頼性が低い場合があることが指摘されています．当たり前のことではありますが，元データの精度が経済効果の精度を左右するということです．

⊣|03 　地域付加価値創造分析

スポーツの経済効果への期待を背景として，スポーツにより地域活性化を図る試みは少なくありません．このとき，経済効果の及ぶ範囲に注意を向ける必要があります．例えば，ある地方都市でスタジアムが建設されるとして，それを請け負う設計事務所やゼネコン（土木・建築工事の

一切を請け負う大手の総合建設業者）の本社がその地域外にあれば，スタジアム建設に投下された資金は地域外へ流出することになります．スタジアムの維持管理・運営を地域外の事業者に委託すると，その委託費も地域外へ流出することになります．スタジアムで開催されるイベントに集まる人々が地域で買い物をするとして，その商品の製造元が地域外の企業であれば，仕入原価は地域外へ流出します．

経済効果が及ぶ範囲を考慮に入れると，産業連関表を用いた産業連関分析により経済波及効果を算出することが適切ではない場合があります．例えば，産業連関表は国や自治体によって作成されていますが，小さな自治体では作成されていないことがあります．また，ある特定のプロジェクトでは，産業連関表を用いずに付加価値を調査することで精度が向上する場合があります．地域が推進する事業がもたらす経済効果の度合いを評価する手法として，「地域付加価値創造分析」があります（中山，2021）．

この分析では，地域にもたらされる経済的な付加価値は「生産によって地域内に新たに創出された購買能力」とされていて，「その事業で雇用された人の可処分所得」「事業者の税引き後利益」「地方税収」の3つの合計として定義されます．可処分所得が増えれば，被雇用者の消費拡大につながります．事業者の利益が増えれば，雇用者を増員したり事業を拡大することができるようになります．税収が増えれば，自治体による行政サービスの拡充が期待されます．このように，その地域の「購買能力」を評価する手法が地域付加価値創造分析です．

では，具体例を確認してみましょう．長野県東御市湯ノ丸高原に整備されたGMOアスリーツパーク湯ノ丸というトレーニング施設は，トッププレベルのアスリートが集う高地トレーニングの拠点として2019年に開設されました．年間14億円の経済付加価値のうち，市内に留まるの

は 5 億円（35%）で，9 億円（65 %）は市外に流出しているという試算結果が報告されています（横田ほか，2020）．岡山県の山中で開催されたトレイルランイベントを対象とした調査では，事業そのもの（売上 676.5 万円）から生じた経済付加価値（500.9 万円）のうち主催地域内にもたらされた地域経済付加価値は 293.9 万円（58.7%）であり，宿泊を含む観光消費から推計した地域付加価値（59.3 万円）を加えても新たに創造された地域内付加価値は 353.3 万円にとどまるという報告もあります（束原，2024）．

　このように，スポーツ施設やスポーツイベントが経済効果をもたらすといっても，地域活性化の観点からは，金額の多寡だけでなく，その地域にもたらされる経済付加価値の割合もしっかり見極める必要があるのです．

→|04　SROI（社会投資収益率）

　スポーツイベントやスポーツ活動が個人や地域社会などへ及ぼす効果は経済効果と社会効果に大別できます．経済効果の概要は先に解説したとおりで，地域社会や国の経済にどのような利益をもたらすかで評価されます．社会効果（あるいは社会的インパクト）は「短期，長期の変化を含め，当該事業や活動の結果として生じた社会的，環境的なアウトカム[3]」と定義されます（社会的インパクト評価検討ワーキング・グループ，2016）．NPO 法人（特定非営利活動法人）などの非営利団体には資金の出し手への説明責任が求められ，株式会社などの営利団体には社会的責任が求められる潮流の下で，営利・非営利を問わず，事業や活動がどのような社会

社会的投資収益率（SROI値）は以下の式によって算出されます．

$$
\begin{array}{c}\text{社会的収益率} \\ \text{（SROI値）}\end{array} = \frac{\text{アウトカムの貨幣価値換算価額の合計}}{\text{インプットの貨幣価値換算価額の合計}}
$$

❶「アウトカムの貨幣価値換算価額」の例

当該事業によって就労を実現した対象者が獲得した賃金，対象者の健康状態の改善による社会保障費や医療費の削減，税収の増加など

❷「インプットの貨幣価値換算価額」の例

人件費等の事業経費，ボランティアの労働時間を価値換算した額など

図 7-1　SROI の概要

出典：特定非営利活動法人ソーシャルバリュージャパン（https://socialvaluejp.org/impac-tassessment/aboutsroi/）を参考に作成.

的価値をもたらすのかに関心が集まっています．社会的インパクトを評価する手法として，SROI（Social Return on Investment: 社会投資収益率）が注目されています．SROI による評価は，社会的な事業に投じられた資金やリソースに対し，事業実施の結果として発生したアウトカムを金銭価値に換算することによって定量的に行われるもので，投資対効果が 1：X の比率で示されます．

スポーツにおける SROI による評価の嚆矢は Davies et al.（2019）で，2013 年 4 月から 2014 年 3 月までの 1 年間のイングランドにおけるスポーツ参加（sports participation）の社会的価値が 448 億ポンド，スポーツへの総投資（財政的および非財政的な投入）が 235 億ポンドと算出され，SROI は 1.91 となることが報告されました．つまり，スポーツに 1 ポンド投資するごとに，1.91 ポンドに相当する社会的利益が生み出されたことが示されたわけです．日本でも，スポーツ鬼ごっこの SROI が 2.52（米村・横山，2020），FC 今治のホームタウン活動の SROI が 2.6（デロイトトーマツ，2022），ツエーゲン金沢のキッズキャラバンの SROI が

5.6（鳥山ほか，2023）と推計されたことが報告されています．

　SROI は「社会的インパクトを金銭換算する」という趣旨で開発されたものです．スポーツ実施に伴う爽快感や達成感，あるいはスポーツ観戦による興奮や感動なども含まれる多様なアウトカムを金銭価値だけで評価してしまう（金銭価値以外の要素を捨象してしまう）という原理的な限界を含んでいることを忘れてはなりません．SROI の評価手法は標準化されていないので，異なる事業間で SROI を比較することが難しい場合があります．SROI では通常，特定期間の社会的インパクトが評価の対象となりますが，社会的投資の影響は長期的に現れることが多いため，短期的な評価では社会的価値が十分に捉えられない場合があることも認識しておく必要があります．

⇥05　　　　　　　　CVM（仮想市場法）

　プロ野球の球団や J リーグのクラブは本拠地（ホームタウン）で興行として試合を開催し，その集客力が地域経済に活力をもたらすと考えられています．しかし，プロスポーツが地域にもたらす効果は経済効果といった有形の効果だけに限らず，地域の知名度・イメージの向上，地域の連帯感，市民の誇りなどの無形の効果をもたらすともいわれています．

　このような無形の価値を評価する手法の 1 つに CVM（Contingent Valuation Method: 仮想市場法）が挙げられます．CVM は，景観・遺跡・史跡・自然環境の保全など市場（価格）がない財・サービスの評価のために開発された手法で，利用価値だけでなく存在することの価値も評価す

ることができます．公共事業の評価に用いられることもあります．仮想的な状況を記した調査票をもとに，財・サービスの保全・改善に対する寄付金などの支払意思額（Willingness to pay: WTP）や悪化・損失に対する受入補償額（Willingness to accept: WTA）を尋ね，統計解析により金額を推定し，その財・サービスの受益者全体を対象として集計することで，その財・サービスの価値を推計します．

日本のあるプロ野球チームを対象とした研究では，球団の財政状況が著しく悪化し，球団存続のために寄付金を募って基金が設立されるという仮想的な状況が示され，調査対象者には1年あたりの寄付金の支払意思額への回答が求められました．その結果，今後30年間の現在価値が24億円から203億円と推計され，また，同球団に公共財としての価値を見出している人ほど支払意思額が高いことが示されました（石坂・

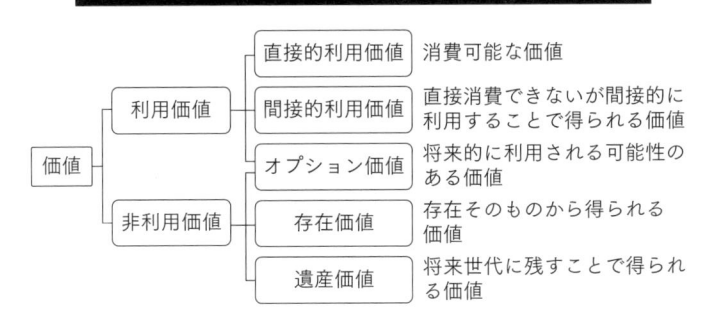

図7-2　CVM の概要

出典：国土交通省「総合水系環境整備事業の費用対効果分析方法（CVM）について」（https://www.cbr.mlit.go.jp/toyohashi/kaigi/toyogawaryuuikiiinkai/R050714/R5-sankou-4.pdf），福島秀哉・松田泰明・阿部貴弘「公共事業における景観整備効果の経済評価手法に関する一考察」『景観・デザイン研究講演集』7，2011年（http://library.jsce.or.jp/jsce/open/00897/2011/B23B.pdf）を基に作成．

間野，2010）．

　CVMは調査票を用いて仮想的な状況に対するWTPやWTAを調査することで価値を評価する手法なので，説明記述によって結果が異なるという評価バイアス問題が発生する可能性があります．

$\mid$06　スポーツボランティアの価値

　総務省「社会生活基本調査（2021年）」によると，過去1年間に何らかのボランティア活動を行った人は1941万人（15歳以上人口に占める割合は18.1%），そのうち「スポーツ・文化・芸術・学術」に関係したボランティアを行ったのは302万人（同2.8%）でした．笹川スポーツ財団の調査（2018）によると，過去1年間にスポーツボランティア[4]をした人は5.3%で，活動内容をみると「【地域のスポーツイベント】大会・イベントの運営や世話」（39.3%），「【日常的な活動】スポーツの指導」（29.3%）が多い傾向にあります．

　さまざまなスポーツシーンでボランティアは不可欠となっています．例えば，2021年に開催された東京2020オリンピック・パラリンピック競技大会では7万6186人のフィールドキャスト（大会運営ボランティア），1万1913人のシティキャスト（観光・交通案内ボランティア）が活動しました．東京2020オリンピック競技大会の出場選手数1万1254人の数倍のボランティアが活動したことになります．各地で開催されている市民参加型のマラソン大会でも数千人規模のボランティアが活動していますし，Jリーグの試合運営，自治体が開催するスポーツイベントなど，至るところでスポーツボランティアが活躍しています．ある調査で

は，スポーツ指導活動を行ったことがある人のうち，87.6 ％が金銭は一切受け取っていない，あるいは経費を賄う程度の金銭を受け取ったが収入の足しにはなっていないとの報告もあります（石黒，2019）．もしかするとスポーツに関わる労働の多くはボランティアによって賄われており，賃金や報酬を得て活動している人の方が少数派かもしれません．

ところで，「労働」という言葉が収入を得るために行う生産活動を意味するのだとすると，「ボランティア労働」という言葉は気になります．ボランティアの中には，実費や交通費，さらにはそれ以上の金銭を得る「有償ボランティア」と呼ばれる活動もあります．ボランティア活動の現場では交通費が支給されたり，お弁当やTシャツがもらえたりすることは珍しいことではありません．こうして考えてみると，ボランティアとは一体何なのか混乱してしまいますが，ここではその議論は割愛し，ボランティア労働の測り方について考えてみましょう．

冒頭に述べたとおり，さまざまなスポーツシーンを成立させるために不可欠な「ボランティア労働」は，国民経済統計（System of National Accounts: SNA）には含まれていないので，どれくらいの金銭価値に相当するのか定量的に示すことができません．一方，ILO（International Labour Organization: 国際労働機関，2011）は，人口規模・労働力という観点から，ボランティアには無視できない経済的価値があることを指摘しています．ILO が 2011 年に「ボランティア労働の測定に関するマニュアル」を作成したことを皮切りに，さまざまな領域でボランティア労働がもたらす価値を金銭評価しようとする試みも行われています．

ボランティア労働の価値の代表的な評価方法として，機会費用法（opportunity cost approach: OCA）と代替費用法（replacement cost approach: RCA）の 2 つがあります．

機会費用法は，ボランティアがボランティア労働に費やした時間の評

価額を，その人の有給労働から得られる賃金・報酬と同等とみなして算定し評価する方法です．この方法では，給料の高い人と日常の労働収入を得ていない年金生活者では，同じボランティア労働であっても評価額が異なることになります．

代替費用法では，ボランティア労働をアルバイトなどの有給労働者が行ったと仮定して，どの程度の賃金・報酬が支払う必要があるのかということで評価します．この方法では，ボランティアの人数，活動時間，活動内容に応じた時間当たりの標準的賃金の掛け算（積）として評価額が算定されます．そのため，例えば，30分で実行可能な仕事を60分かけて行ったとしたら，計算上は2倍の金銭価値が算定されますし，20人でできる仕事を40人で行った場合にも2倍の金銭価値が算定されます．ボランティア活動においては，その活動（仕事）をやりたい人の欲求を充足させることも大切なので，1人でできる仕事を2人でシェアし，あるいは10人でできる仕事を20人でやってみることは，ボランティアをマネジメントする上では大切な視点となります．

加えて，例えば，スポーツ指導を有給労働者に頼もうとした場合，その人の指導スキルの熟練度が低いのか高いのかでかかる費用が変わるはずです．代替費用法はこの点を考慮できないので，ボランティアの提供サービス水準が民間レベルより低かった場合にその価値を過大評価してしまうという懸念もあります．

ボランティア当人の本業の賃金水準でボランティア労働の評価額が変わってしまう（OCA），人員配置やスキル水準によってボランティア労働を過大評価してしまう（RCA）という問題を解決するために，ボランティア自身に「もしあなたの仕事に対価を付けるとしたらいくらが適切か」と尋ねたうえで金銭価値を評価しようという方法もあります．これは volunteer judgement RWA（replacement wage approach）法と呼ばれる

手法で，自らの労働を市場で調達した場合の金額ではなくて，自らの労働のサービス水準や組織への貢献意欲なども考慮された回答となることが期待されます（Orlowski & Wicker, 2015）．ほかにも，ボランティア労働の利益を享受する人に対して提供されたサービスに対する支払意思額を尋ねて金銭価値を算定するなど，多様な方法が検討されていますが，いずれも一長一短です．もともと金銭で測れないものを無理矢理測ろうとしているので，当然といえば当然です．

　スポーツチームのボランティア募集要項には，「みんなでたくさんの「ワクワク」や「楽しさ」を感じながら一緒に活動してみませんか？（アルバルク東京）」「心躍る最高の感動を共につくりだそう！（静岡ブルーレヴズ）」といったように，やりがいをアピールする言葉が並んでいます．ボランティアの主な参加動機は社会貢献や自己の成長であることが複数の研究で報告されています（元嶋・杉山，2022；清宮・依田，2021；山下・行實，2015）．それにもかかわらず，「あなたのボランティア労働の価値は〇円です」と金銭によって評価されたとしたら，ボランティア活動の価値が消失した気分になる人が出てこないとも限りません．だからといって，ボランティア労働の金銭価値測定が無意味なわけではありません．組織活動の効率的な運営に役立てる，広報活動に利用する，外部資金を得ている場合に説明責任を果たす，このような場面では有効活用できそうです（渡辺，2017）．

注

1) 　ヴィルニュス定義とは，ヨーロッパ諸国のスポーツ経済活動を標準化するために，スポーツ産業に該当する品目を特定し，計算方法のルールを明確に定めたものです．欧州委員会教育・青少年・スポーツ・文化総局のスポーツ経済作業部会によって 2007 年にリトアニアの首都ヴィルニュスで採択されたことから，この呼称となりました．ヨーロッパ諸国以外にも，日本，オーストラリア，マレーシアなどが同様の手法で計測に取り組んでいます．

2) 　関西大学が「阪神タイガース 2023 年「アレ」の経済効果は関西地域におい
て，約 872 億 2,114 万円」という表題で 2023 年 9 月 4 日付でプレスリリース
し，その後，スポーツ紙から全国紙へと拡散されました（https://www.kansai-u.
ac.jp/ja/assets/pdf/about/pr/press_release/2023/No30.pdf，2024 年 10 月 31 日
閲覧）.
3) 　事業や活動が生み出すもの（例えば，活動回数や参加者数など）を「アウト
プット」と呼ぶのに対して，事業や活動の結果がもたらす変化，便益，学び，
その他の影響や効果のことを「アウトカム」と呼びます．事業の受益者の知
識・意欲・行動・態度・スキルなどの変化，活動によってもたらされた政策変
更などもアウトカムをみなすことができます.
4) 　スポーツボランティアとは，地域におけるスポーツクラブやスポーツ団体に
おいて，報酬を目的としないで，クラブ・団体の運営や指導活動を日常的に支
えたり，また，国際競技大会や地域スポーツ大会などにおいて，専門的能力や
時間などを進んで提供し，大会の運営を支える人のことを意味します（文部科
学省協力者会議）.

参考文献

石黒えみ（2019）「国内スポーツ指導者の実態——インターネット調査結果から——」
『ホスピタリティ・マネジメント』9(1)：1-12.

石坂圭三・間野義之（2010）「プロスポーツチームの地域における経済的価値評価」
『スポーツ産業学研究』20：159-171.

伊藤健・玉村雅敏（2015）「社会的投資収益率（SROI）法の発展過程と手法的特徴」
『日本評価研究』15(1)：41-55（https://www.jstage.jst.go.jp/article/jjoes/15/
1/15_41/_pdf/-char/ja，2024 年 10 月 7 日閲覧）.

小野晶子（2005）『労働政策レポート Vol. 3「有償ボランティア」という働き方——
その考え方と実態——』労働政策研究・研修機構（https://refworks.proquest.
com/bibliography/，2024 年 9 月 24 日閲覧）.

清宮孝文・依田充代（2021）「大学生のスポーツボランティアに対するイメージが
参加意欲に与える影響」『スポーツ産業学研究』31(4)：381-397.

笹川スポーツ財団（2018）「スポーツライフ・データ 2018 スポーツライフに関する
調査報告書」.

社会的インパクト評価検討ワーキング・グループ（2016）「社会的インパクト評価
の推進に向けて——社会的課題解決に向けた社会的インパクト評価の基本的概
念と今後の対応策について——」（https://www.npo-homepage.go.jp/uploads/
social-impact-hyouka-houkoku.pdf，2024 年 10 月 7 日閲覧）.

庄子博人（2017）「日本版スポーツサテライトアカウント作成の検討」『スポーツ産
業学研究』27(2)：185-189.

庄子博人・加賀瑛当・桂田隆行・澤井和彦・間野義之（2016）「わが国における国
内スポーツ総生産（GDSP）の推計と経年比較」『スポーツ産業学研究』26(2)：
255-268.

庄子博人・川島啓・長澤周平・坂本広顕・桂田隆行・藤田麻衣・稲垣謙治郎・青井一真（2018）「日本版スポーツサテライトアカウント作成の検討 その2——日本と欧州の経済統計の違いおよびスポーツ産業定義に着目して——」『スポーツ産業学研究』28(3)：257-264.

庄子博人・川島啓・長澤周平・坂本広顕・桂田隆行・藤田麻衣・加納堅仁・青井一真（2019）「日本版スポーツサテライトアカウント作成の検討 その3——日本版 SSA の開発とスポーツ産業付加価値の推計——」『スポーツ産業学研究』29(3)：199-209.

束原文郎（2024）「トレイルランイベントは地域経済に実質的な価値を付加するか？」『日本スポーツ産業学会第 33 回大会号』：74-75.（著者改訂版）

デロイトトーマツファイナンシャルアドバイザリー（2022）「今治．夢スポーツが生み出す社会的インパクトの可視化 SROI 分析（抄訳版レポート）」(https://www2.deloitte.com/content/dam/Deloitte/jp/Documents/c-and-ip/sb/jp-sb-societal-value-of-imabari-yume-sports.pdf，2024 年 10 月 7 日閲覧).

鳥山稔・西村貴之・田島良輝・神野賢治・佐々木達也・池田幸應（2023）「地域貢献活動の SROI——J リーグクラブが実施する地域貢献活動に着目して——」『スポーツ産業学研究』33(3)：235-244.

中山琢夫（2021）『エネルギー事業による地域経済の再生——地域付加価値創造分析の理論と実践——』ミネルヴァ書房.

宮本勝浩・韓池・田口順等（2007）「プロ野球産業の経済効果」『スポーツ産業学研究』17(1)：45-56.

元嶋菜美香・杉山佳生（2022）「スポーツボランティアの参加・継続要因に関する研究動向：定義と活動実態の乖離に着目して」『生涯スポーツ学研究』19(1)：27-36.

山下博武・行實鉄平（2015）「スポーツ・ボランティアに関する研究動向——スポーツ経営学からの批判的考察——」『徳島大学人間科学研究』23：39-55.

横田匡俊・稲垣憲治・庄子博人・岡田真平・佐藤照友旭・荒井宗武（2020）「スポーツ施設の整備及び運営に伴う経済効果の検証——スポーツ関連事業への地域付加価値創造分析の適用——」『スポーツ産業学研究』30(4)：357-367.

米村真悟・横山勝彦（2020）「スポーツ政策の政策評価——「社会的インパクト」評価を視点に——」『同志社スポーツ健康科学』12：37-48.

渡辺裕子（2017）「ボランティア活動の経済的価値のマクロ的分析——「社会生活基本調査」を用いて——」『駿河台経済論集』27(1)：25-50.

Davies, L. E., Taylor, P., Ramchandani, G. and Christy, E. (2019) "Social return on investment (SROI) in sport: a model for measuring the value of participation in England." *International Journal of Sport Policy and Politics,* 11(4): 585-605.

International Labour Organization (ILO) (2011) "Manual on the Measurement of volunteer work."

Orlowski,J., & Wicker, P. (2015) "The monetary value of voluntary work:

Conceptual and empirical comparisons." *Internationl Journal of Voluntary and Nonprofit Organizations*, 26(6): 2671-2693.

すべてのスポーツは
産業化せざるを得ない

プロ・アマを問わず野球は国内屈指の人気スポーツです．特に高校野球への社会的関心の高さは衰え知らずで，「夏の甲子園」と呼ばれる全国高等学校野球選手権大会と「春の甲子園」と呼ばれる選抜高等学校野球大会には風物詩と形容できるほどの存在感があります．さて，高校や大学における学生野球の指針や規範を示す日本学生野球憲章[1]の前文は次の文章で始まります．

> 　国民が等しく教育を受ける権利をもつことは憲法が保障するところであり，学生野球は，この権利を実現すべき学校教育の一環として位置づけられる．この意味で，学生野球は経済的な対価を求めず，心と身体を鍛える場である．

「経済的な対価を求めず」のフレーズは，学生野球が経済活動の一環であってはならないと解釈されてしまいがちです．学生野球は，数多くの資源（ヒト，モノ，カネ，情報）が投入されて生産され，交換，消費されます．学生野球では紛れもなく経済活動が展開されています．例えば，「夏の甲子園」と「春の甲子園」では，主催者として前者では朝日新聞社が，後者では毎日新聞社が日本高等学校野球連盟と共に名を連ね，紙面で試合結果を報道するだけでなく，円滑な大会運営のための責務を果たしています．両大会とも全試合が NHK でライブ中継され，入場券が販売されています．動画配信サイトでは広告が流され，プロ野球球団のスカウトが視察に訪れます．

　日本学生野球憲章にうたわれる「対価を求めず」は，学生野球に関わる人間は不正や不適切なことをするなと説いているのです．したがって，学生野球を経済活動の視点から語ることには，何ら問題はありませ

ん.

　これは野球に限った話ではありません．学校におけるどの運動部活動にも当てはまります．規模の大小を問わず，運動部活動では経済活動が展開されているのです．

　中学校では部活動の「地域移行」が始まりました．地域移行とは，地域の多様な主体が運営・実施する地域クラブ活動によって部活動を代替するものです．その背景には，教員の働き方改革，少子化による部員数の減少，多様化する生徒のニーズなどがあります．スポーツ産業学という観点からは，新たな雇用が生まれる期待が膨らみます．休日の部活動の地域移行を段階的に進めていく方針が示されていますが，その検討過程で隠れていた問題が浮き彫りになりました．中学校の運動部活動でも経済活動は展開されており，部活動を生み出すために多様な資源が投入されています．例えば，それはスポーツ施設であったり，指導者であったりします．当然ながら，投入される資源は自然発生するわけではありません．誰かが責任をもって資源を投入する必要があります．公立中学校であれば，校庭や体育館といった施設は税金で整備されますし，指導者の役割は顧問である教員が担ってきました（専門的な指導ができない教員が顧問になることは珍しくありませんが）．あまりにも多くの人が「部活動は無償である」と勘違いしていて，部活動を地域に移行した場合に必要な資源を誰が投資するのかという問題に解を導き出せない状況があらわになっています．

　話は変わりますが，全国の花火大会で有料席の導入が進んでおり，導入済の大会では有料席がプレミアム化・高価格化しています．その背景には，花火の打ち上げコストの増加に加え，安全対策に不可欠な会場設営費や警備費用の増加があります（共同通信社，2024）．夏祭りや花火大会のようなコトに対する消費意欲が旺盛になるのは喜ばしいことです

が，需要が高まり過ぎると，運営費用がかさみ，地域の個人・法人からの寄付金だけでは賄いきれなくなります．そこで，花火鑑賞に適した区画を有料化したり，飲食付や専用トイレなど付加価値の高いテーブル席を高価格で販売するなど，主催は工夫を凝らして収益力の強化に努めているわけです．無料で花火鑑賞ができなくなったわけではありません．よりよい場所で，より快適な環境で鑑賞したい人は，相応の負担を求められる仕組みが導入されたということです．公共サービスなどの事業によって利益を受ける人が，利益の度合いに応じて，その事業にかかる費用を負担すべきであるという原則を受益者負担原則といいます．花火大会を開催するにあたっては，篤志家の厚意に頼りつつも，受益者負担原則も取り入れるようになったということです．

　受益者負担原則の概念はスポーツにも当てはまります．スポーツ文化を享受する権利はすべての人に平等に与えられています．しかし，スポーツ文化から得られる便益は人によってさまざまです．同じスポーツ体験から得られる便益が大きい人もいれば，小さい人もいます．得られる便益に応じて負担するという考え方は不自然ではありません．ただし，スポーツを楽しむ人がすべて負担すべきだという乱暴な議論は慎む必要があります．スポーツ文化を享受するたには，例えば，スポーツ施設が必要です．すべてのスポーツ施設を民間で賄うのは非現実的で，公共スポーツ施設は欠かせません．スポーツ施設を整備し維持管理するには少なくない資金が必要となります．利用者による応分負担は当然のこととして，公共経済学の立場（資源配分の最適化の観点）から，公共サービスの供給費用のうち直接費は料金，間接費（固定費）は一般財源によって賄われるべきという合意形成はなされています（根岸，1972）．バランス感覚のある受益者負担原則が大事だということです．

　話を中学校の部活動の地域移行に戻すと，部活動であっても，受益者

負担原則を無視することはできません．部活動の地域移行を検討する過程で浮き彫りになった問題は，部活動を生み出すために必要な資源を誰が投入するのかということでした．指導者という資源でいえば，これまでは教員に頼ってきました．しかし，教員の負担が重過ぎて持続可能ではなくなりました．運動部の顧問が指導・運営に費やす時間は年間平均で 1400 時間弱であり，1 年間に費やす自己負担金額の平均も 13 万円を超えるという調査結果も報告されています（青柳ほか，2017）．では，生徒たちの自己負担はどれだけあったのでしょうか．もちろん，経済的理由によって生徒がスポーツをする機会を奪われるようなことがあってはなりません．生活水準を考慮したうえでどれだけ負担してもらうか，その線引きは非常に難しい課題です．部活動を地域移行させることによって「家庭に新たな金銭的負担を強いることはまかり通らん」というヒステリックな暴論を押し通し，教員に代わる新たな犠牲者探しに奔走しても，持続可能な解決策は導き出せません．スポーツ文化の享受をめぐる権利と義務のバランスを探り出すことも，スポーツ産業学の重要なテーマです．

　中学校の部活動の地域移行という課題が示す通り，スポーツという文化の中の経済活動に焦点を当ててこそ，見えてくることも多いのです．その意味で，「すべてのスポーツは産業化せざるを得ない」といえるのです．

注

1)　　1946（昭和 21）年 12 月 21 日に学生野球基準要項として制定され，1950（昭和 25）年 1 月 22 日に日本学生野球憲章へと改正されました．

参考文献

青柳健隆・石井香織・柴田愛・荒井弘和・岡浩一朗（2017）「運動部活動顧問の時間的・精神的・経済的負担の定量化」『スポーツ産業学研究』27(3)：299-309.

共同通信社（2024）「花火大会の有料席に関する調査」（https://www.kyodo.co.jp/news/2024-07-23_3872261/, 2024 年 12 月 20 日閲覧）.

根岸隆（1972）「公共サービスの経済学」『中央公論』87(4)：110-23.

おわりに

　日本スポーツ産業学会が発足したのは，1990年10月2日のことです．

　当時の通商産業省産業政策局が中心となってスポーツ産業研究会が立ち上げられ，その成果報告書として「スポーツビジョン21」が発刊されたのに合わせて，同研究会メンバーが中核となって「学会」が設立されたのでした．

　当時はまだ，サッカーのプロリーグも発足しておらず（Jリーグ設立は1991年），その「報告書」においても，「スポーツ産業の領域の拡がり」として，「スポーツ用品業」「スポーツスペース業」「スポーツサービス業」という3つのカテゴリーが上げられ，その「サービス業」が用品関連（流通・レンタルなど），スペース関連（施設運営・スクールなど），情報関連（ジャーナリズム・イベント・旅行・金融など）に区分されていました（詳細は本書 p.13 参照）．

　それから30年を経て，スポーツに関わる産業の構造は劇的に変化・膨張してきました．スポーツ産業の構造についても，様々なモデルが提示されるに至ったことも，本書第1章に述べたとおりです．なにより，「スポーツビジネス」という言葉が一般に流布し，大学での専門課程の学科名やコース名称として使われるまでになり，今では社会人向けのスポーツMBAコースも盛況です．

　その間，日本スポーツ産業学会では，様々な現場実践の情報が交わるとともに，多くの研究成果が積み重ねられてきました．近年では，スポーツビジネスを学ぶ学生のアイデアの醸成に資することを目的としたスポーツ政策学生会議（Sport Policy for Japan）の運営にも携わり，これか

らの日本のスポーツ産業の発展を支えるために尽力が重ねられています．

　本書は，そのような私たちの学会活動の一環として，「スポーツ産業とは何か」を学生諸兄にわかり易く解説したいとの思いから刊行したものです．

　もとより，大学等での学びの場でのテクストとして活用されることは本望ですし，スポーツビジネスについて興味をいだいた人々が，その概要を学ぶために役立つとしたら，とても嬉しく思います．

　刊行に当たっては，晃洋書房のご理解をいただけたことがなによりの僥倖ですし，編集部の福地成文氏には一方ならぬご指導を賜りました．また，本書刊行までに多くの皆様からご支援とご協力をいただきました．すべての名前は上げられませんが，ここに記して感謝申し上げるとともに，本書が日本のスポーツ産業の発展にわずかでも寄与することを祈念する次第です．

　　　2025 年 2 月
　　　　　『スポーツ産業学入門』編集委員会一同

索　　引

スポーツ産業学入門

2025 年 4 月 10 日　初版第 1 刷発行　　＊定価はカバーに
　　　　　　　　　　　　　　　　　　　表示してあります．

編　者　日本スポーツ産業学会 ©

発行者　萩 原 淳 平

印刷者　藤 原 愛 子

発行所　株式会社　晃 洋 書 房

〒615-0026　京都市右京区西院北矢掛町 7 番地
電話　075-312-0788 番 ㈹
振替口座　01040-6-32280

装丁　仲川里美（藤原印刷㈱）　　　印刷・製本　藤原印刷㈱

ISBN978-4-7710-3937-7